文化遗产里的
中国故事

万里走单骑

壬寅季

To My Motherland

单霁翔 著

中国大百科全书出版社

图书在版编目（CIP）数据

万里走单骑·壬寅季 / 单霁翔著．—北京：中国大百科全书出版社，2023.7

（文化遗产里的中国故事）

ISBN 978-7-5202-1361-5

Ⅰ．①万… Ⅱ．①单… Ⅲ．①文化遗产 - 中国 - 通俗读物 Ⅳ．① K203-49

中国国家版本馆 CIP 数据核字（2023）第 103077 号

万里走单骑·壬寅季

著　　者：单霁翔

出 版 人：刘祚臣

策 划 人：蒋丽君

责任编辑：杜晓冉

特约编审：陈　光

责任印制：邹景峰　　装帧设计：吾然设计工作室

出版发行：中国大百科全书出版社

地　　址：北京阜成门北大街 17 号　　邮政编码：100037

电　　话：010—88390718

印　　制：小森印刷（北京）有限公司

字　　数：197 千字　　印　　张：8.5

开　　本：880 毫米 ×1230 毫米　1/32

版　　次：2023 年 7 月第 1 版　　印　　次：2023 年 7 月第 1 次印刷

书　　号：ISBN 978-7-5202-1361-5

定　　价：98.00 元

序

寻找与守望

世界遗产是全世界最有价值、最值得全人类共同保护的存在。1978 年联合国教科文组织下属的世界遗产委员会根据《保护世界文化和自然遗产公约》，公布了第一批世界遗产，有 12 个遗产项目被列入《世界遗产名录》。中国在 1985 年加入了这个公约，1987 年有了第一批世界遗产。2021 年 7 月，第 44 届世界遗产大会在福州召开。在本届大会上，“泉州：宋元中国的世界海洋商贸中心”申遗成功。至此，中国拥有了 56 处世界遗产，其中文化遗产 38 项，自然遗产 14 项，文化和自然双重遗产 4 项。当然，“申遗”不是最终目的，“世界之最”也不是我们追求的目标。

2003 年 1 月 19 日，陕西宝鸡眉县杨家村的 5 位农民在村北生产劳动，取土的时候，一镐头下去，刨出了一个大洞，向里探看，洞内似乎是一些青铜器文物。几位农民就此停工，讨论怎么办。大家觉得，这是我们祖先留下的财富，不能把它们分掉，也不能卖给那些走街串巷“淘宝贝”的贩子，应该把它保护起来、交给国家。于是他们保护现场，联系考古部门，最终从这里出土了27件文物。这些文物件件都是国宝级的青铜器，每件都有铭文记载着当时在这个地区单氏家族的历史。这样的故事感动了我们，而且它并不是孤例。公众对文化遗产保护有着知情权、参与权、监督权和受益权，这一点十分重要。要把更多的文物保护、文化遗产保护的故事告诉公众，让更多的人参与到这项事业中来，这才是我们要追求的目标。因此，当《万里走单骑》节目组提出“让世界遗产‘破圈出道’”的口号，并邀请我参加节目录制时，我很愿意为此出一份力。这档节目致力于世界遗产的大众传播，唤起了我在文化遗产工作中的很多回忆。

十多年前我在国家文物局工作，当时我们想做成三件事：一是设立一个文化遗产日；二是确定一个文化遗产的标志；三是创作一首宣传文化遗产工作的公益歌曲。2005年的全国政协十届三次会议上，我与樊锦诗、冯骥才等40余名政协委员联名提案，建议设立文化遗产日。经国务院批准，自2006年起每年6月的第二个星期六，大家来宣传文化遗产保护理念、参与文化遗产保护活动。这是我们自己的节日，后来调整为“文化和自然遗产日”。提到中国旅游标志，大家都知道是铜奔马，很多人习惯称之为“马踏飞燕”。我们文化遗产也应当有自己的标志。当新世纪第一缕曙光照到中华大地的时候，在四川成都的金沙遗址出土了一件“四鸟绕日”金器。中间1个太阳向四周喷射出12道光芒，围绕太阳有4只神鸟逆时针飞翔。“四鸟绕日”既端庄又具动感，且有美好而深刻的寓意，我们把它作为中国文化遗产的标志。2005年，我陪同文化部部长孙家正同志出差，与他说起想要组织创作一首文化遗产公益歌曲的想法，他很支持。我正想着要从请人作词开始，结果下飞机的时候，孙家正部长说，他已经写好了第一段歌词。他的歌词题目就是“寻找与守望”。

寻找与守望

（歌词节选）

拨开岁月的迷雾，远离现代的喧嚣；
攀缘峭立的山崖，踏遍荒草萋萋的古道。

寻找源头，寻找根脉，寻找回家的小路，

守望初衷，守望未来，守望精神的家园，
守望一个民族的骄傲。

《万里走单骑》系列书写在节目录制的过程中。书中记录了我们穿上布鞋，在遗产地“寻找与守望”的故事，也记录了一个个与文化遗产有关的“寻找与守望”的故事。每次的出发都是为了寻找。寻找文明的起点，寻找祖先的创造，寻找我们回家的路，也寻找我们不忘初心的意志。找到以后，我们要守望，要保护好我们寻找到的这些文化遗产，让它们能够世代传承下去。这就是我参加《万里走单骑》节目的初衷，也是系列书出版的意义所在。

前言

世界遗产的“中国色彩”与“中国浪漫”

2022年，联合国教科文组织发布《保护世界文化和自然遗产公约》迎来50周年。其间，167个缔约国加入公约，1157项遗产列入《世界遗产名录》。中国于1985年加入《保护世界文化和自然遗产公约》，如今已经有56项世界遗产。其中一部分遗产被大众所熟知，成为旅游胜地；也不乏一些新加入的，大众对其还缺乏了解，比如土司遗址，深藏在湘西的大山之中，很多人都不知道。还有一些大家熟悉，但却不知道其世界遗产的身份，比如西湖。由此可以看出，遗产地的影响力不一，人们对它们的认识也各不相同。但毫无疑问，那些影响力比较大的遗产地，有个共同特征，就是在保护好遗产的核心价值和周边环境的基础上，深入挖掘自身特色，把自己的故事向外界广泛传播。

在我国，文物曾经被称为“古物”，民间又称为“古董”“古玩”，人们关注的是物质价值。20 世纪 20 年代，中国现代考古学诞生，开始挖掘、阐释文物所包含的内涵，关注的是文化价值。今天，我们更普遍使用的是“文化遗产”概念，关注其精神领域的价值，从而与现代人的生活、人类的进步产生了密切的联系。

由此，我们的目光从过去的文物保护聚焦到今天的文化遗产保护，从过去的物质价值聚焦到文化价值，再聚焦于今天的精神领域价值，这实际上是理念不断提升、不断进步的过程。在这样的认识演进和理性思考下，文化遗产保护的对象和内涵、方式和方法、要素和路径也随之发生变化。

《万里走单骑》节目开播三季以来，探访了 36 处遗产地。有新列入《世界遗产名录》的“泉州：宋元中国的世界海洋商贸中心”，有 1987 年中国最早成为世界遗产的“长城”“周口店北京人遗址”，也有正在积极准备申遗的“普洱景迈山古茶林”“景德镇御窑遗址”等。除了聚焦古人类遗址、历史建筑、传统村落等遗产类型，还涉及系列遗产和线性遗产，包含文化遗产、自然遗产、文化和自然双重遗产。我们希望向观众们呈现，在我们祖国的广阔大地上，有那么丰富的、多姿多彩的遗产，有那么多代代相传的中国人寻找和守望中华文化根脉的故事。

让年轻观众感受陈列在中国大地上的遗产有多么鲜活可爱，多么值得引以为傲，并且要像呵护眼睛一样呵护它们，这是我们的追求，也要求我们创新讲述方式。《万里走单骑》第一季“守望行动”，希望守护中华大地上的灿烂遗产，普及世遗认知；第二季“唤醒行动”，唤醒“民用而不知”的文化情怀；第三季，我们希望引领“认同而共情”，通过世界遗产的“中国色彩”这一新的主题，架起观众对文明的感性化认知桥梁，让中国文明展现出惊艳的“中国浪漫”，更好地让世遗文化“活起来、潮起来、燃起来”。

颜色是人们对世界最直观的认知，“中国色彩”不止于色彩，更是中国人看待世界的方式，透着骨子里的东方浪漫。而世界遗产也有各自的颜色，如三坊七巷的月魄色是月光洒在黛瓦上的古雅，长城的赭石色浸染着长城古堡的坚守，海南热带雨林国家公园的苍绿色是人与自然和谐共生的生命力。

中华民族自古以来就不乏浪漫情怀。苏州园林“虽由人作，宛自天开”，利用叠石、理水、建筑、花木要素，充满诗情画意；北京中轴线串联起河道、宫殿、庙宇、民居等，以多样的设计、营造手法，形成了北京城的壮美秩序。

纵然沧海桑田、时过境迁，中国式浪漫始终能够触动我们的内心，这根植在中华文化的深厚底蕴中。世界上最古老的四大文明，只有中华文明的传承未曾断裂。世界上最古老的四大文字体系也只有甲骨文传承至今。5000 多年文明，在中华大地上造就了丰富的遗产，它们是中国式浪漫的鲜活载体。

站在下一个 50 年的起点，我们想吸引更多受众关注遗产地，让大家体会中华文化之美，感悟中国深厚的文化底蕴。我们将继续行走、追寻和求索，彰显自古以来的文化精神，勾连历史与现实的价值，关注当下的文化表达，也希望大家多去实地走一走，多感受中华文化的美好。

2023 年 3 月

目　录

序　寻找与守望

前言　世界遗产的“中国色彩”与“中国浪漫”

第一站
三坊七巷

八闽雄都，神州名府　2
三坊七巷一条街，半部中国近代史　7
“老破小”焕发新生　11
七溜八溜，不离福州　17

第二站
长城·北京怀柔

上下 2000 多年，纵横 10 万余里　24
爱我中华，修我长城　28
长城不是一道“界限”　36
长城下的生活　39

第三站

海南热带雨林和黎族传统聚落

动植物的“诺亚方舟” 46

古老文明的传承延续 52

自然遗产与原住民 58

富美乡村图 62

第四站

大运河·德州

有德之州，好运之河 68

百年来首次全线通航 71

原生态的运河风貌 75

大运河是德州的文脉 80

第五站

醴陵陶瓷工业遗产

千年古邑，陶瓷之都 88

从工业化走向城市化 94

将“五彩”绘成“斑斓” 100

淬火与绽放 104

第六站

曲阜孔庙、孔林和孔府

东方圣城 110

重绘“三孔” 118

华夏衣冠 123

千年礼乐归东鲁，万古衣冠拜素王 127

第七站
海上丝绸之路·龙泉
瓯江边的青色 134
天下龙泉 138
不仅是“再生”，更是“在生” 143

第八站
澳门历史城区
澳门是一座文化城市 154
多元文化共存 157
葡式风情 165
物质遗存由文化个性塑造 171

第九站
海上丝绸之路·澳门
2000 年丝路史，600 年航海纪 178
澳门的海洋元素 181
大船变成小船，延续船的记忆 187
奏响澳门的新乐章 192

第十站
吐鲁番坎儿井
火洲绿溢，清泉徐来 198
沙漠中的生命之源 203
文化遗产保护要善用当地力量 207
火洲绿意生生不息 211

第十一站
丝绸之路：长安－天山廊道的路网·吐鲁番
古道融通，文脉与共 218
用文字拼接历史 222
饱经磨难的千年壁画 226
世界上最美丽的废墟 231

第十二站
凤凰区域性防御体系
中国最美丽的小城 236
南方有长城 240
无湘不成军，无筸不成湘 245
人文浪漫 249

尾声 民众是文化遗产的真正主人 254

第一站
三坊七巷

遗产地档案

遗产名称	三坊七巷
遗产位置	福建省福州市
遗产种类	文化遗产
世遗色	月魄

#898a7e
#c2cfd8
#365c7d
#798e2e
#829d2a

八闽雄都，神州名府

时间：2022 年 9 月 28 日上午
地点：三坊七巷衣锦坊、南后街

《万里走单骑》第三季继续以行走丈量遗产，延续上一季世遗向导组合“万里少年团”，成员包括我和影视演员周韵、牛骏峰，歌手唐九洲，每一站也会有其他专家学者、明星嘉宾、当地村民等加入我们，共同行走、交流、实践。今天我们来到了福州。这座城市因 900 多年前遍植榕树，“榕荫满城，暑不张盖”，故被称为“榕城”。我认为福州是一个可以有充分优越感的城市，这里地上有三山形胜、闽江旖旎，史上有坊巷春秋、船政风云。路旁的一棵棵榕树叶茂如盖，家家户户一盏盏茶芳香四溢……

福州拥有 7000 多年的历史文化积淀和 2200 多年的建城史。早在新石器时代晚期至商周时期，闽族先民已在此生活。春秋战国时期，诸侯林立，列国争霸。《史记・越王勾践世家》载，楚威王兴兵，“大败越，杀王无疆，尽取故吴地至浙江，北破齐于徐州”。楚灭越后，越国的王室宗族被迫失散逃亡，“而越以此散，诸族子争立，或为王，或为君，滨于江南海上”，迁徙进入浙江南部、福建沿海及内地。汉高祖五年（前 202 年）复立越王勾践之后无诸为闽越王，建都东冶（今福州），筑“冶城”于越王山（今屏山）东南麓冶山一带，为福州建城之始。

元封元年（前 110 年）汉武帝平定闽越，尽徙其民于江淮间，此后福建地区少有人烟，直至西晋“永嘉之乱”迎来中原移民。“晋

三坊七巷爱心形榕树

永嘉二年（308 年），中州板荡，衣冠始入闽者八族：林、陈、黄、郑、詹、邱、何、胡是也。”（清代乾隆《福州府志》）历史上称为“衣冠南渡”“八姓入闽”，他们带来了中原先进文化和生产技术，促进了福州地区的繁荣。唐末天复元年（901 年），割据福建的王审知出于“守地养民”的目的，扩建罗城和南北夹城，北面横跨越王山，并将南面九仙山、乌石山围入城中，开凿了绕护罗城南、东、西三面的大壕沟，奠定了“三山鼎峙，一水环流”“福州派江吻海，山水相依，城中有山，山中有城”的独特城市格局。

自秦以来的各个时代，特别是隋唐有明确文献记载以后，福州均为福建这一地区的郡治及地方中心所在，例如五代十国时期闽国的都城、南宋时期宋朝六大城市之一、南宋灭亡前夕南宋的行都、南明隆武政权所在地等，在闽越地区甚至在全国都拥有举足轻重的地位。

千年文化底蕴给福州留下了一连串珍贵的历史记忆和文化符号：全市现有历史文化街区 5 处、历史建筑群 13 处，历史文化名镇名村 23 个、各级传统村落 133 个，全市已确定并公布历史建筑 1181 处，公布传统风貌建筑 25 处。1986 年，福州市被国务院确定为第二批国家历史文化名城，而其中最有代表性的文化名片莫过于三坊七巷。

坊巷制是一种中国古代都城居住区空间结构，由里坊制发展而来。里坊制布局特点是把全城划分为若干封闭的区域，宫殿位于城北居中，“里”作为居住区，商业与手工业则限制在一些定时开闭的“市”中。坊巷制形成于宋代，宋代在经济活动、农业、文化、都市化与人口各方面都高速发展，建筑方式突破了以前的里坊制，转变为坊巷制，摆脱了里坊围墙的限制，容许商店直接面向街道，商业活动不再受到时间约束。坊巷制的代表城市有汴京与临安。

三坊七巷在晋代奠定了坊巷的雏形，到唐末已经形成格局。到明清时期，特别是清代中叶发展到了鼎盛，现存大量的历史建筑都是在明清时期形成的，因此三坊七巷也被誉为“里坊制度活化石”“明清建筑博物馆”。

塔巷（遗产地供图）

三坊七巷以南后街为南北主轴线，西侧以衣锦坊、文儒坊、光禄坊“三坊”为主要构架，东侧以杨桥巷、郎官巷、塔巷、黄巷、安民巷、宫巷、吉庇巷“七巷”为主要构架，这“三坊”与“七巷”之间穿插着许多交错曲折的小巷，共同组成鱼骨状的街巷格局。

走进三坊七巷，我们能直观地看到小青瓦屋顶、白粉墙、青石板铺就的曲折变化的巷道。跨越千年风烟，这里至今保留着 159 处明清历史建筑，地方建筑特色浓郁。曲线形的马鞍墙两侧对称，墙头和翘角皆泥塑彩绘，形成了福州独特的墙头风貌；不少民居还在建筑内缀以亭、台、楼、阁、花草、假山，因主人品位各有不同；门窗扇的雕饰工艺丰富，有透雕、浮雕，题材有飞禽走兽、人物花卉等，充分展现了匠人高超的技艺。坊巷内设有大量宗祠、书院、商贸等场所，日常生活所需三十六店，为文化人服务的刻书坊、旧书摊、裱褙店，铺面林立，依稀可见昔日“正阳门外琉璃厂，衣锦坊前南后街”的繁华热闹。

同时，三坊七巷还活跃着闽剧、福州评话、福州伬艺、福州十番音乐、寿山石雕、福州脱胎漆器髹饰等诸多技艺，传承了包括传统表演艺术、民俗活动、礼仪与节庆等文化知识，与坊巷内众多物质文化遗产一起，构成了具有代表性的历史文化传统街区。

如今，漫步这座城市，“三山两塔一条江”的古城总体格局依然可辨，明清建筑星罗棋布，历史街区古韵悠长……“万里少年团”踏入这片有福之地，走进福州古厝，走近福州人，我们想用自己的亲身经历去回答，这条中华元素聚集的历史街区、那些曾经险些消失不见的古厝遗产，今天留给我们的到底是什么。

马鞍墙（遗产地供图）

三坊七巷一条街，半部中国近代史

时间：2022 年 9 月 28 日下午
地点：三坊七巷名人故居

鸦片战争拉开了中国近代史的序幕，而福州正是《南京条约》签订后最先被迫开放的五个通商港口之一。至 20 世纪初，共有英、法、美等 17 个国家在福州设立领事馆、代办处，地点多设在闽江南岸的烟台山。在这种社会背景下，福州也出现了最先一批“开眼看世界”的中国人。

林则徐被誉为中国近代“开眼看世界第一人”，于乾隆五十年（1785 年）出生在福建侯官鼓东街（今福州市鼓楼区中山路），是清代著名的政治家、思想家和诗人。在鼓楼区散落着三座最具代表性的林则徐遗迹——林则徐出生地暨幼年读书处、林则徐故居和林文忠公祠。林则徐出生地暨幼年读书处是林则徐出生、幼年读书、中举、完婚、中进士和步入仕途的地方。林则徐故居位于文北路，又名“云左山房”，内含主座三进，东西各两进，由“七十二峰楼”“揖斗楼”等组成。林则徐为其父母丁忧守制、回乡探亲以及晚年养病时均居住于此。走进这些宅院，倾听建筑背后的故事，这位英雄人物少时读书、在书房共商国是的情景浮现在眼前，也让人更深刻地体会到了他“海纳百川，有容乃大；壁立千仞，无欲则刚”“苟利国家生死以，岂因祸福避趋之”的胸怀和抱负。

道光十八年（1838 年），林则徐上奏禁烟："法当从严，若犹泄泄视之，是使数十年后，中原几无可以御敌之兵，且无可以充饷之银。"力陈鸦片危害。"若鸦片一日未绝，本大臣一日不回"，他以坚决的信念开展"虎门销烟"，取得了中国人民反侵略斗争史上第一个胜利。

同时，林则徐还协助女婿沈葆桢发展民族工商业。沈葆桢同为福州人，是中国近代造船、航运、海军建设事业的奠基人之一，其故居就位于宫巷中段北侧 11 号（现 26 号）。清同治五年（1866 年），朝廷批准左宗棠设立轮船制造局，选址在福州马尾。在开工前，左宗棠调任陕甘总督，上疏"非沈葆桢不能任其职"，从而建立了福州船政局。这是中国近代创办的第一家专业机器造船厂，由此展开了轰轰烈烈的建船厂、造兵舰、办学堂、引人才、派学童出洋留学等一系列"富国强兵"运动。福州船政学堂培养和造就了以詹天佑、萨镇冰、邓世昌等为代表的一批优秀的中国近代工业技术人才和杰出的海军将士。福州马尾因此也成为中国近代工业的重要发源地，被誉为"中国近代海军的摇篮"。如今，我们在这里还可以看到中坡炮台、昭忠祠、马江海战烈士墓、圣教医院等大量与船政相关古迹，它们共同组成了马尾船政文化遗址群。

林觉民是"黄花岗七十二烈士"之一，也是林徽因的叔叔，1911 年，在广州起义中殉难。林觉民为人所熟知的还有他写的《与妻书》，信中表达了他对妻子的深情，以及不惜英勇赴死的民族大义。"吾充吾爱汝之心，助天下人爱其所爱，所以敢先汝而死，不顾汝也。汝体吾此心，于啼泣之余，亦以天下人为念，当亦乐牺牲吾身与汝身之福利，为天下人谋永福也。"

林觉民写完《与妻书》一个月后不幸被捕牺牲，享年 24 岁。

林觉民故居（遗产地供图）

其妻陈意映生下一子后，郁郁而终，年仅 22 岁。《与妻书》是一封绝笔书，是一封遗书，也是林觉民在牺牲之前写给妻子的一封情书，被称为“20 世纪最美的情书”。“吾真真不能忘汝也！回忆后街之屋，入门穿廊，过前后厅，又三四折，有小厅，厅旁一室，为吾与汝双栖之所。初婚三四个月，适冬之望日前后，窗外疏梅筛月影，依稀掩映；吾与汝并肩携手，低低切切，何事不语？何情不诉？”在信中，林觉民回忆与妻子共同的生活场景。而信中提到的“双栖之所”就位于三坊七巷南后街北口西侧与杨桥巷交汇处，为旧南后街 86 号、新杨桥路 17 号。这所住宅原系林觉民祖辈七房人家（包括林长民）聚居处，为清代建筑，坐西朝东，四面风火墙。建筑现仅存二进，占地面积 694 平方米。西南角有一小院，院中有小屋，一厅一房，坐北朝南，进深五柱，便是当年林觉民夫妇的居室。小院南面有小天井，花台上植有蜡梅树。这正是林觉民《与妻书》中描写的情景。

林觉民于广州起义殉难后，林家避祸迁离，房屋售予冰心祖父谢銮恩。谢家在此一直住至20世纪50年代。对于大院，冰心晚年在《我的故乡》中，也有一段形象的记述："我们这所房子，有好几个院子，但它不像北京的'四合院'的院子；只是在一排或一进屋子的前面，有一个长方形的'天井'，每个'天井'里都有一口井，这几乎是福州房子的特点。这所大房里，除了住人以外，就是客室和书房。几乎所有的厅堂和客室、书房的柱子上、墙壁上都贴着或挂着书画。"

"谁知五柳孤松客，却住三坊七巷间。"三坊七巷自晋、唐代形成起，一直是达官显贵、士大夫的聚居地。自唐以来的上千年间，三坊七巷内名人辈出，有大学者、政治家、军事家、思想家、艺术家等。史书记载，诸多宋代历史名人，如陈襄、陈烈、郑穆、陆蕴、陆藻、郑性之等都先后居住在此。

郁达夫在《闽游日记》中曾写道："两旁进士之匾额，多如市上招牌。"三坊七巷的名人数量与历史地位在晚清、民国走向顶峰，涌现出大量对当时社会乃至日后中国发展有重要影响的人物。清至民国相继出现了林则徐、沈葆桢、严复、林旭、林觉民、谢冰心、林徽因、郁达夫等100多位在中国近现代舞台上叱咤风云的人物。从1839年虎门销烟，到1919年五四运动，都活跃着出自三坊七巷的人物身影。他们无论是对我国近代史的开端，还是对洋务运动、变法维新乃至辛亥革命以来，我国的政治、文化、思想、科技和军事的发展进程，均发挥了重要的，甚至是影响全局的作用。

因福州处于开放的前沿，福州人有眼界"走出去"，同时也因乡愁和家国情怀“走回来”。他们活跃在中国近代的军事、文化、科技、外交、经济等各个领域，紧跟当时世界先进国家的步伐，让世界了解了福州人的骨气、智慧和力量。坊巷间至今留存的士人宅园、宗教场所、宗祠家庙等建筑，正是他们“修身、齐家、治国、平天下”的写照。因此，三坊七巷不仅是珍贵的历史建筑，还囊括了福州人的性格、福州人的风俗、福州人的文化，浓缩着福州千年的历史。

“老破小”焕发新生

时间：2022 年 9 月 29 日上午
地点：三坊七巷、梁厝特色历史文化街区

三坊七巷现存的 159 处明清古建筑中，要说最富诗意的莫过于衣锦坊 4 号院。它始建于明万历年间（1573—1620 年），原是郑姓住宅，清道光年间（1821—1851 年）为孙翼谋家族所有。这里是三坊七巷最大的宅院，自西向东三座建筑分别为主体大院、别院、花厅园林。水榭戏台是该建筑群的精华所在，也是福州城内唯一的水榭戏台。戏台面积 30 平方米，呈四角形，立在水池上，中隔天井，面对楼阁，藻井的混响与底部池水回声，让声波扩散，曲音绕梁。当时的孙府常在此举办聚会、看戏或登高望远……

2006 年前，水榭戏台曾一度破败不堪，戏台被改造成民房；雕刻精美的藻井遭虫蛀；戏台左边看楼被改建成三层水泥建筑，右边假山已毁、雪洞被改成通道；戏台正面二层观戏的楼阁卷棚腐烂坍塌，由两根柱子撑着，随时可能倾倒；保存相对较好的主座建筑则

| 水榭戏台修复前（遗产地供图）

被一工厂占用。

水榭戏台是三坊七巷建筑状态的一个缩影，随着时间推移而“健康不佳”。20 世纪 50 年代初期，坊巷内人口密度日益增大，基础设施严重不足，无法满足居民居住需求；又因台风、暴风雨袭击，古建筑老化严重，房屋质量持续下降。同时，三坊七巷位于福州城市中心区，是开发的黄金地段。20 世纪 90 年代，随着福州快速的城市发展，现代建筑尤其是高层建筑侵入三坊七巷街区，衣锦坊北侧、杨桥巷沿线被基本拆除。如今，三坊七巷只剩两坊五巷。

从 2006 年开始，福州市启动三坊七巷保护修复工程。截至 2021 年年底，已修复历史建筑近 200 处，连续数年接待游客量达 1000 万人次以上，有效展示了福州历史文化名城的保护成果。如今，走进修复后的水榭戏台，宽敞明亮的庭院、飞翘的马鞍墙、各式各样的彩绘、栩栩如生的灰塑、巧夺天工的窗雕，让人仿佛回到

水榭戏台修复后（遗产地供图）

明清时期。水榭戏台还被活化利用为福州地方戏曲的演艺场所，闽剧、福州评话、伬艺等在此常态化演出，市民、游客也可在此乐享古人的风雅生活。

我给“万里少年团”成员们出了一道题：如何修古建？有三个选项：一、拆除古建筑，在原址上盖现代化建筑；二、拆除古建，按照原状重新修建；三、修复古建，并进行封闭保存。其实三个选项都是错的，2022 年 7 月召开的全国文物工作会议把“让文物‘活’起来”定为文物保护工作方针，就是要让文物进入社会生活，为民所用，这样才能经常维修，文物也才能更健康。

20 世纪末，三坊七巷作为房地产开发的一个项目，交给了房地产公司开发。当其中“一坊两巷”已经遭到破坏，建起高楼大厦的时候，福州市民强烈表达了对这片传统历史街区的留恋和对于改造的忧虑，因为街区中包含了他们生活的记忆。这样的历史街区，如果被推土机推掉，那就太可惜了。

2004年，我收到了一封联名信，来自福建的62位专家、教授在信中呼吁加强福州历史文化的保护。之后，我连续多年来三坊七巷调研、考察，见证了这些曾经破败的建筑逐渐恢复“尊严”。2005年，三坊七巷保护开发利用工作小组成立，政府收回“三坊七巷”土地使用权；2006年，国务院公布三坊七巷成为全国重点文物保护单位。之后，多方共同努力，制定保护规划，有序腾退，对重要建筑进行修缮。最终实现三坊七巷重新向公众开放。

在此基础上，三坊七巷成为中国第一批历史文化街区、中国第一批绿色街区。由此，三坊七巷的保护也就成为一个典范性项目。围绕这项工作召开了国际研讨会，很多城市都来学习三坊七巷保护的经验。但三坊七巷的保护没有就此停止，而是不断深化，如时常组织专家评审、国家文物局和地方保持沟通等。今天三坊七巷已成为福州的城市名片，持续吸引着国内外游客。

三坊七巷修复工作是福州市文化遗产保护的一个缩影。福州市仓山区林浦村村头，伫立着一座始建于明代的石牌坊，上层匾额刻有“尚书里”三个大字，背面载有林氏族人科举功名，记录着古村的文脉昌隆。2020年，福州至泉州高速公路连接线实施拓宽改造，工程最初规划将这座石牌坊向东北方向迁移20米。当项目提交福州“多规合一”平台会商时，文物部门态度鲜明：林浦尚书里石牌坊应予以原址保护，建议调整高速公路连接线线路。最终，工程方案调整，牌坊原址保护，成就了一段公路为石牌坊让路的佳话。

仓山区梁厝特色历史文化街区内古厝连同小桥流水、田园阡陌一起构成了福州城区的最美村落。梁厝目前已有多栋古厝完成了修缮。修复时，工匠们通过摄像、拍照、勾图等手段，记录每一处结

| 梁厝特色历史文化街区（遗产地供图）

构的样式。同时，参照福州传统做法，对古厝进行精密的修复。梁厝旧时有不少石板路，后来被水泥路和土路覆盖。节目中，同为福州人的演员陈赫说石板路是他儿时最深刻的记忆，我相信很多福州人都会有同感。因此道路施工时，有关部门设法找到了上万块大小不一的石板，重新铺设，用来承载人们的乡愁。

牌坊、建筑都是地区文化传承载体，很多优秀的文化都通过这些载体得以延续和保留至今。但是三坊七巷的价值不单单在于实体遗存的历史文化价值，更在于整体街区环境的历史风貌特色。历史街区成形于过去，存留于今天，一代代人在此繁衍生息并发展改造着周围的环境。相比较单纯的古建筑，历史街区是文化遗产的综合体，蕴含着更为丰富的文化信息资源，是一个城市文化核心的体现。

2010 年年底，三坊七巷正式启动社区博物馆建设。社区博物馆从狭义上说是在社区里面的博物馆，从广义上说则是将整个社区作为博物馆。传统博物馆强调作为客体的展品，主要关注的是过去，而社区博物馆突破了过去时空的束缚走进现当代，并主要关注人的需求，真正是“从‘馆舍天地’走向‘大千世界’”。

2011 年，三坊七巷社区博物馆建成。作为中国第一个社区博物馆，它由 1 个中心展馆、37 个专题馆和 24 个展示点组成。各馆在尽可能延续原有功能的基础上，有条件的还举办各类活动，以还原三坊七巷历史风俗为重点，结合福州的各个民俗节日，举办元宵灯会、七夕乞巧、中秋“摆塔”及拜月等特色民俗活动，实现了传统文化活动常态化，也实现了全方位展示三坊七巷历史渊源、传统建筑和园林、民间文物、民俗文化、传统手工业及居民生活习性等，更好地集中发挥街区内古建筑功能，让社区“活”起来。

这次来福州最大的感受就是欣慰，这个城市的根和魂如今都得到了保留和传承。这是一座城的远见和格局。当年三坊七巷文物保护工程开始时，我就提出一定要延续三坊七巷的生命，这个文化空间的延续包括物质和非物质的，包括我们今天理解和不太理解的。我们不能简单用考古和古建筑修缮来对待，我们应当用发展的眼光来对待它。在保护修复的过程中不仅要保护点，还要保护面，不但要保护古建筑，还要保护历史街区，要保护名城。三坊七巷作为一个“活态”的社区博物馆，向我们展现的不仅是福州的过去，还有现在和未来。

一路走来，从三坊七巷、朱紫坊再到上下杭、梁厝，这些古厝中藏着一段段传奇往事，都在启发着我们要更好地讲好自己的故事，讲好城市的故事，讲好中国的故事，期待当代年轻人能解锁出越来越多文化遗产保护的新方式。

七溜八溜，不离福州

时间：2022 年 9 月 29 日下午
地点：上下杭、咏春文化展示中心

如果说三坊七巷产生了福州的士人文化，那么上下杭就是福州“闽商文化”的重要发祥地。上下杭在西汉初年便有史料记载，清末以降，这里成为福州商贸最繁荣的地区，被称为“福州传统商业博物馆”。宋代龙昌期有《三山即事》诗证曰：“百货随潮船入市，万家沽酒市垂帘。苍烟巷陌青榕老，白露园林紫蔗甜。”

经过多年的修复，如今的上下杭依旧上演着千年前的繁华景象。沿三捷河畔，两侧传统与现代相融合，中西文化碰撞，书屋、咖啡馆、茶馆林立，热闹非凡。福州人“吃茶”的习惯由来已久，无论是商贾还是脚夫，在经济条件上也许有天壤之别，但在一件事上，大家可以共处一室，就是“喝茶攀讲”。今天，如果你来到福州，找一个老茶馆，吃一碗茶，或许你对福州记忆、福州味道会有更深的体会。

福州流传着一句话“七溜八溜，不离福州”，包含了福州人的自豪感和归属感。都说家乡好，福州好在哪？通过两天的探访，我认为这源于福州城市空间内承载的生活，有历史街区内的生活，也有现代生活。

在两天的探访中，我深深感受到福州人对老街区、古建筑的情感。他们小时候曾经住在老街巷，彼此没有血缘关系的住户共享一个庭院，彼此的生活相互交融，古厝和老建筑封装着那时候独有的

南后街民俗表演（遗产地供图）

温情。福州的城市空间内，保留的不只是街巷格局和建筑式样，更是千年以来本地居民的起居、悲喜和思考，这里的宗教祠馆、非遗民俗等文化呈现，以多种形式记录下不同时代、不同阶层生动的生活方式，并在长期发展中与现代城市空间完成共洽。

如今，南后街两边店铺林立，销售福州传统工艺制品，如寿山石雕、脱胎漆器、软木画等；永和鱼丸、同利肉燕、聚春园等老字号入驻，用烟火气为古老的街巷带来温度，让人们获得儿时的味道；南后街和一些院落开展福州传统民俗活动，如元宵张灯、中秋“摆塔”等，让福州本地人重温福州特色民俗活动，也让外地游客感受福州独有的传统民俗。曾经破败的巷子重新焕发新生，越来越多的年轻人回到福州，用他们喜欢的方式，继续为福州这座城市书写新的篇章。

福州西湖公园及周边城市景观（新华社供图）

在节目录制过程中，我们拜访了咏春文化展示中心。很少有人把福州和咏春拳联系到一起，就连作为福州人的陈赫都不知道福州有咏春拳传承。咏春拳起源于明末清初，为福建福清南少林五枚师太所创。2014 年，福建咏春拳入选国家级非物质文化遗产代表性项目名录。咏春拳是一种攻防实战的搏击拳术，具有简单实用的特点。“小念头”“寻桥”和“标指”组成咏春拳初、中、高三个阶段的功法套路。“小念头”，在粤语中的发音近似“少念头”，意为排除杂念，真切地认识自我，一以贯之，懂得守中；“寻桥”，找到人生追寻的桥、前进的方向，就可以到达高级境界——“标指”。其实福州的发展过程也如同咏春拳的功法，不断挖掘历史文物价值、城市特色，找寻城市前行的方向。

2018 年 3 月 21 日国际森林日这一天，联合国粮食及农业组织

福道（新华社供图）

发布专刊《森林与可持续城市——来自世界各地鼓舞人心的故事》，北京和福州入选，其中福州独占6个版面被予以重点推介，福州西湖照片更是承包了专刊的封面和封底。专刊中写道："整座城市的每个角落，都种上了各类景观树木，一年四季，绿荫满城，分明是一幅'树在城中、城在林中、人在绿中'的优美画卷。"

2004年中国政府为推动城市活力而启动了"森林城市建设"，福州为了提升城市森林生态系统的功能，达到"让森林走进城市"的目标，增加了植物多样性，创造了美丽的景观。如今的福州，森林覆盖率位居全国省会城市前列，"推窗见绿、出门见园、行路见荫"的美丽景象随处可见，形成了山、水、林、城相互交融的生态宜居城市格局。

福州有国内最长的城市森林步道——福道，环山看城，城在山中，福道已经成为新的福州记忆。福州拥有全国十大森林公园之一的福州国家森林公园，建设了全国第一个森林主题的专类博物馆和珍稀植物园。生活在福州，就像身处一个巨型氧吧，“有福之州、森林之旅”已成为福州城市新名片！

2021 年 7 月 16 日，第 44 届世界遗产大会在福州拉开帷幕。时隔 17 年后，这一文化和自然遗产保护领域最高规格的国际会议第二次在中国召开。大会期间，中外嘉宾和志愿者们在梁厝特色历史文化街区内种植了一片山樱花“世遗林”。当山樱花盛开，古厝溪流绿树红花的景象，美不胜收。

通过两天的走访，我们认为福州的世遗色为“月魄色”。“月转东墙花影重，花迎月魄若为容。”（明代唐寅《花月吟效连珠体十一首》其五）月魄，是月亮初升或圆而始缺时的朦胧，是月光洒在黛瓦上的古雅，是藏精蓄锐，亦如福州这座城。

第二站
长城·北京怀柔

遗产地档案

遗产名称	长城·北京怀柔
遗产位置	北京市怀柔区
列入世遗时间	1987 年
遗产种类	文化遗产
世遗色	赭石

#ecd3be
#f0c18f
#8a552c
#b37649
#b37649

上下2000多年，纵横10万余里

时间：2022年7月17日上午
地点：箭扣长城

长城是中国古代最重要、最伟大的文化遗产之一，近代以来更成为中华民族独立自强、坚强不屈的精神象征，被写入我国国歌。中华人民共和国成立之后，从1952年开放长城旅游，维修开放了居庸关、八达岭、山海关等处长城，后又维修开放了嘉峪关、金山岭、慕田峪、司马台、黄崖关、九门口、玉门关、阳关等数十处地段的长城墙体、关口、烽火台、敌台。“不到长城非好汉”，数以亿万计的中外游人来长城观光，认识中国历史，了解中国文化。

“秦已并天下，乃使蒙恬将三十万众北逐戎狄，收河南。筑长城，因地形，用制险塞，起临洮，至辽东，延袤万余里。于是渡河，据阳山，逶蛇而北。暴师于外十余年。”《史记·蒙恬列传》记载，秦始皇统一六国之后，命蒙恬率兵30万，耗时10余年，修筑起西起临洮、东至辽东的长城，第一道“万里长城”由此出现。

或许因为孟姜女哭长城等故事广为流传，很多人认为秦长城是最早修筑的长城，其实楚长城才是最早修筑的。楚长城在历史文献中被称作“方城”。《左传·僖公四年》记载，公元前656年夏天，在齐桓公率七国联军伐楚之战中，楚国使臣屈完指出：“楚国方城以为城，汉水以为池，虽众，无所用之。”以楚方城阻退诸侯之师。

位于包头市固阳县的秦长城遗址（新华社供图）

《汉书·地理志》记载：“南阳郡，叶，楚叶公邑。有长城，号曰方城。”可见，长城的修建开始于春秋战国时期。

楚国建长城之后，从公元前6世纪—前4世纪前后，各诸侯国为了防御，皆开始修建长城，但均规模较小，互不连贯。包括一些小国，例如位于石家庄西北部的中山国，为了防御强邻赵、晋，“赵成侯六年（前369年），中山筑长城”。秦统一六国之后，为防御北方游牧民族，在整合秦、赵、燕三国长城的基础上，修建了“全国性长城”。汉代在秦长城的基础上，多修少建，最终形成的汉长城东起朝鲜中北部，中经阴山和河西走廊，西达新疆库尔勒，北至蒙古境内。汉代是修筑长城最长的一个朝代。明代改变传统的“土长城”夯筑方式，进行了大规模整修，为长城城墙包砌了砖，绵延“万里”的长城基本成为“砖砌长城”。砖砌长城更为坚固，因此我们现在所见到的大部分长城都是明长城。

长城的修筑一直到清代中期以后才结束，延续了 2000 多年，历经楚、齐、燕、秦、汉、隋、辽、金等 20 多个诸侯国家和专制王朝。延续如此长时间的工程，在世界上是绝无仅有的。经过各朝的修建，最终形成了东起河北山海关、西达甘肃嘉峪关的长城，其主体包括由墙体、马道、敌台、铺房等构成的城墙，以及沿线配置的城堡、关口等相关军事设施。

我们常说“万里长城”，那么长城究竟有多长？至今在一些外国书刊上记录长城还是 2500 千米，这一数据需要更新。1987 年，长城与北京故宫、周口店北京人遗址、秦始皇陵兵马俑、敦煌莫高窟成为中国第一批进入《世界遗产名录》的文化遗产，长城申报范围涉及辽宁省、吉林省、河北省、北京市、天津市、山西省、内蒙古自治区、陕西省等 17 个省、直辖市、自治区。

长城年代久远，同时年久失修，有些遗迹已难寻。但是根据文献记载和实地考察，将各个时期修建的长城长度相加起来，共有 5 万千米以上。有人做过初步统计，如果把修建长城的砖石、土方用来修建一道高 5 米、厚 1 米的大墙，或者铺设一条宽 5 米、厚 0.4 米的马路，那么这道墙可环绕地球三四十周，这条马路可环绕地球 100 多周。再加上烽火台、城堡、关口等相关设施，用料将会更多。修建长城的工程量，由此可见一斑。长城被公认为“世界七大奇迹”之一也就可以理解了。

北京自古以来位置优越。“左环沧海，右拥太行，北枕居庸，南襟河济，形胜甲于天下，诚天府之国也。”（北宋范镇《幽州赋》）辽、金、元、明、清都曾在此建都，因此北京长城具有拱卫京师的特殊使命，其修筑尤为坚固严密，其修建技术、规模和管理规划等方面也达到了历代修建长城的顶峰。同时，北京长城也是中国有长

| 慕田峪长城（遗产地供图）

城分布的省（自治区和直辖市）中保存最完好、价值最突出、工程最复杂、文化最丰富的段落，是中国长城杰出的代表。

元、明、清时期，北京逐渐成为全国的政治、经济、文化中心，作为其畿辅的怀柔，战略位置突出。尤其是自明成祖朱棣迁都北京后，怀柔长城就成为“京师北门，长陵玄武”。史料记载，怀柔境内的长城始建于明洪武元年（1368 年），由大将徐达、常遇春督造从山海关到慕田峪的长城。整个明代，长城的修筑基本上没有间断。特别是隆庆年间，明穆宗将著名的抗倭将领戚继光从南方调到蓟州一带，与蓟辽总兵谭纶共同负责督建长城，明长城最终成形。蓟镇、昌镇、宣府镇三镇长城在这里交汇，形成了内外长城、双边镇守、拱卫京师的格局，屹立于京北燕山龙脊之上。

怀柔区已认定的长城资源以明代长城为主，另有两段北齐长城墙体。“万里长城最险段”之称的箭扣长城、“万里长城，慕田峪独秀”的慕田峪长城、“山间碧玉，水中长城”的黄花城水长城都位于怀柔区境内。

如长龙般依山势横贯东西的长城是凝聚人类智慧和汗水的结晶，是每个中华儿女的骄傲。《万里走单骑》继续出发，新的一站，“万里少年团”来到了北京怀柔长城。

爱我中华，修我长城

时间：2022 年 7 月 17 日下午
地点：箭扣长城、长城维修队小院

这一站，我邀请了好朋友程永茂老师作为世遗向导。程永茂老师，1956 年出生在怀柔农村，已经从事长城修缮工作 18 年，被人们誉为“长城匠师”。

“把老祖宗留下来的东西传承好，不要去改变原有的样貌，给后人留下真东西，这是最重要的。”多年来，他一直坚持这个理念。从 2004 年的黄花城，再到慕田峪、青龙峡、鹞子峪、箭扣长城，程永茂老师和他的团队修缮长城的总长度已经达到 20 多千米。

抗震救灾、抗洪救灾，我们经常用筑起“钢铁长城”形容救灾英雄；北京冬奥会时，坡面障碍“雪长城”赛道就是以长城为设计元素。长城是被国内外人士广泛认同的中华符号，更被誉为“中华民族的精神脊梁”。然而由于修筑时间久远，缺乏修缮，再加上长城周边的生产活动、挖土取石等，一些长城遗址损毁严重，甚至遗迹难寻。尤其是早期利用土石、沙砾等材料修筑的长城，几乎很难找到完整段落，明、清砖石长城保存完整的也很少。根据北京 2006—2012 年的长城资源调查情况统计，北京长城保存程度好、较好和一般的各类型遗存约占总量的 33%，保存程度较差和差的各类型遗存约占总量的 41%，已消失的遗存约占总量的 25%，未经调查的遗存不足 1%。

老单与程永茂

中华人民共和国成立之初，中央人民政府高度重视长城的保护、修缮、利用工作。1950 年，政府和主管部门将长城列为文物保护重点项目，并请专家学者对长城进行了考古清理和发掘，出土了大批简牍文书和珍贵文物。1961 年，国务院将长城遗址公布为国家级重点文物保护单位。1984 年，《北京晚报》《北京日报》等发起维修长城的社会赞助活动，邓小平同志为活动写下“爱我中华，修我长城”的题词，助推长城保护修缮。1987 年，长城被列入《世界遗产名录》，之后对长城的保护更成为全人类的职责。

箭扣长城位于怀柔区西北。传说明代边墙修成后，一位工部官员到此巡视，当他登上一座高高的山顶远望时，发现这段长城在群山之间，就像一个涧口，于是命名为“涧口边墙”。可当他回到朝廷时，觉得这个名字不妥。一天翻阅史书，他看到“铁马金戈仰天

箭扣长城鹰飞倒仰段（遗产地供图）

笑，弯弓箭扣射双雕”的句子，当即想到怀柔山中新修筑的长城形状颇似满弓扣箭，于是改称“箭扣边墙”，后改称“箭扣长城”。

箭扣长城海拔 1141 米，绵延约 10 千米，包含牛角边、正北楼、将军守关、天梯、鹰飞倒仰、北京结、九眼楼等，充分展现了长城的惊、险、奇、特、绝、野。晚清诗人刘庆堂曾形容箭扣长城“攀跻之难，殆过蜀道”，可见其险峻。例如，鹰飞倒仰段位于小火焰山东南，山势急转而下，约行 800 米，一峰突兀而起，北侧万丈悬崖，长城至此如巨龙腾空，直奔山顶，惊险异常，即使是老鹰飞到此都得仰面而飞，故人称此处为“鹰飞倒仰”。

箭扣长城因其险峻雄奇吸引了大量游客。未经允许私爬长城是违法行为，但仍有许多人以身犯险，在箭扣长城上踏出一条土路，每走一步，碎砖往下掉落。再加上年久失修、风吹日晒，箭扣长城多处坍塌残损。鬼见愁段是箭扣长城上一个令人望而生畏的攀爬点。这段长城墙体早已坍塌，形成一段巨大的缺口，只能从旁边的巨型山石上通过，但这块十几米高的山石上，除了一些纵向裂缝，几乎无“路”可寻。攀爬西缩脖楼段需要跨过一处如同“绝壁”的岩石，身体悬在半空，脚下是幽深的山谷，从岩石一侧跨步转到另一侧，每个动作要在岩石上找到对应的支点，十分惊险……

2017—2020 年，箭扣长城进行了三期修缮工程，修复了近 3000 米的长城墙体和敌台。2021 年第四期修缮工程开工，工程起自 154 号敌台，终点到 162 号敌台，修缮长度 1678 米。节目录制中，我们跟着程永茂老师到正在修缮的箭扣长城第四期修缮现场学习。

第四期修缮工程的重点和难点都是 154 号敌台即“北京结”以下的台阶。这段台阶十分陡峭，与水平面的角度接近 80 度，地面砖基本无存，露出毛石地基，灌木丛生。此次修缮施工难度也很大。由于工程所在区域是严重缺水区，需要借用农村 300 米的深井提水，经四级扬水站，用柴油发电高山水泵输水，需要铺设近 400 米的管道。而且此段长城山高路险，运料需要三棒接力：第一棒是农用车倒料；第二棒是骡子驮料，驮到不能行走处设集中临时堆放点；第三棒就是人抬肩扛了，一块砖 15 千克，一次背两块砖，后背都能被磨破皮。一些坍塌滚落的条石散落在几十米深的沟底，就要靠爬坡架子、爬坡机、绞磨、人抬等倒运，归砌原位。

这其中最让人动容的，是这支修缮队伍成员平均年龄已达 55 岁，也被称为“五十勇士”。他们大多来自怀柔和河北省的山区，从小就生活在山里，能吃苦，且精通砌石垒墙的手艺。18 年来，他们从三四十岁的壮年汉子变成了 50 多岁的老师傅，现在一听“修长

长城修复前（遗产地供图）

长城修复后（遗产地供图）

城的活儿”，一周内就能聚齐队伍。他们说：“城里的高楼大厦有的是，万里长城可就一条，回家跟孙子说‘国歌里唱的长城是爷爷亲手修的’，这件事能说好几辈子！”修长城是他们一生的骄傲。箭扣长城段一般人徒手攀爬都很困难，而他们还要背着砖块，令人由心底生出敬意。

修长城不仅是体力活，还是技术活。长城修缮方式有多种，有抢险修缮，有复原修缮，也有为迎接游客而加装保护性设施。其中，抢险修缮的干预量最小，对历史信息的保留最充分。箭扣长城的抢险修缮以排除安全隐患、保证文物建筑安全为主要目的，在施工上坚持原本形制、原来做法、原有材料、原用工艺，即施工坚持“最小干预”和“不改变文物原状”原则。坚持“绣花”精神，正如程永茂老师所说：“修过跟没修一样，那就成功了。”

比如，长城上生长的野草，其根系生长有可能对长城本体造成破坏，导致城砖碎裂，但也正是草木塑造了野长城的“野”，所以说草也是让长城变成“长城公园”的重要一步。因此在修缮过程中，能保留的植被不轻易动。野生丁香叶忍冬是一种珍稀植物，目前全国仅发现几十株。丁香叶忍冬仅在海拔 1000 米左右的山上生存，这也正好就是长城的高度。在修缮过程中，文保人员发现了 20 余株丁香叶忍冬。在清理植被时，专家通过设计让丁香叶忍冬与周边的灌木、绿植相互依存，都被保留下来，将珍贵的丁香叶忍冬“藏”在里面，这样即使有些地方大家必须拉着树才能爬上来，也不至于伤害到藏在最里面的珍稀植物。

修缮中坚持尽量使用老砖，能不用新砖坚决不用，如需添配新砖则要选用优质传统工艺烧制的城砖、方砖。修长城用的青砖全部沿用明代传统方法烧制而成，包括踩泥、搬泥垛、扣砖坯、上架阴干、装入立式马蹄窑、烧窑看火、压水闷青等多道工序，如此严格要求以烧制出质量上乘、与现有长城城砖尺寸一致的砖料。

砌城砖对灰的要求非常高，特别是泼灰。在黄花城小城峪长城加固修缮中，由于前期墙体垒砌块石进度快，砌城砖和铺地面砖急等用灰。但是古建“九浆十八灰”中的泼灰，最关键处在于熟化期，熟化期不足一个月则易引起墙体膨胀、灰面开裂。由于泼灰的闷制周期不够，程永茂老师要求立即停工，宁可延缓工期也要保证质量。同时每一块城砖都是手工修整，使用桐油掺和白灰勾缝，分别勾成“荞麦棱缝”或“泥鳅背缝”。城墙修好后，还得用阴坡的老土掺上水，一遍一遍地涂抹，保证修缮与历史记载、周围环境相协调，以保留长城的历史沧桑感。

近些年，北京还在积极探索长城保护的新路径。箭扣长城第四期修缮被称为“研究型修缮”：先进行考古，将考古成果提供给设计师，设计师根据成果报告进行方案设计，最后才施工。因此长城的修缮不仅是土建工程，还是研究型保护项目。

之前在进行长城修缮时，如果遇到坍塌的砖墙，施工人员会把它们清除，但其实每块砖都承载了历史。引入考古发掘后，专家学者会开展科学研究，分析其中蕴含的历史信息。长城考古跟古墓类考古差别明显，很难出现惊艳的文物。长城考古主要是为了明确古代建筑形制，探寻古人生活场景。在箭扣长城考古中，首次在北京长城的敌台顶部发现明代火坑和灶址等生活设施遗址，还发掘出锅、盘、碗、剪刀等生活化用具，还原了戍边将士的日常生活，增加了长城的烟火气息。

箭扣长城之前被称为“野长城”，但我们这次来，看到修缮后的长城已恢复了它作为“中华民族的精神脊梁”的尊严。程永茂老

老单勾缝

师带领他的“五十勇士”团队以“绣花”功夫修长城，其中蕴含着“随层”“随坡”“随弯”“随旧”“随残”的修缮学问，例如157号敌台拱券就是“随旧”的经典，真正做到了新旧难辨。

“十八蹬，高入天，鹰飞倒仰猴难攀，山高到底有多少，一个骨碌滚三天。”箭扣长城以险峻著称，这也就预示着修缮难度极高。一支平均年龄已达55岁的队伍，18年来坚守在长城修缮一线，他们用年复一年的行动，诠释着新时代的“长城精神”。然而技艺需要传承，我们需要更多年轻人加入这支队伍，这样长城才能世代延续下去。

程永茂老师今年66岁，是兴隆门古建瓦作第十六代传人。节目录制中，在西栅子村长城维修队小院举办了一场拜师仪式，程永茂老师将瓦刀传给徒弟，同时也将保护长城的重任交到年轻人手中。

长城不是一道“界限”

时间：2022 年 7 月 18 日上午
地点：箭扣长城、黄花城水长城

长城的修建出于军事防御目的，历代南北政治实体多兼用军事手段或政治谋略，通过封闭或开放的方式对待和管理长城地带。历史上，长城北侧是以打猎为生的游牧民族，南侧是以农耕文明为特点的中原民族，两个民族在语言、文献、民俗、礼仪等方面具有显著的差别。这些让长城的存在仿佛是一道地理界限和文化界限，分隔着南北不同民族与群体。然而，事实上是如此吗？

2013 年，山西大学考古学研究生在做田野调查时，在山西省忻州市忻府区兰村乡下社村东北的玉米地中发现了一座被盗的古墓，这是该地区发现的首座北朝墓葬。墓葬被发现时，墓室内四壁的壁画已经被大面积盗揭，仅顶部残存一幅三足乌图像和天象图局部。甬道顶部残留壁画块上绘神兽一只，甬道两壁壁画已遭破坏。经过保护性发掘，墓中保存下来的壁画达 200 多平方米。

墓壁画中，发现了我国境内迄今面积最大的墓葬狩猎图，内容丰富，场面壮观，分为东、西、北三壁。东壁壁画自南向北，前段是静谧的山脉和悠闲休憩的动物；中段是骑马人物对动物的紧张追逐；后段是气氛高度紧张、场面异常激烈的围捕猎杀。整个狩猎图节奏由慢到快，场面布局巧妙，气氛过渡自然，艺术效果的渲染一气呵成，西壁中还有两个头发卷曲、高鼻深目、须眉浓密的中亚胡人形象。

南北朝是一个大分裂、大动荡的时代，但在时代背景下冲突和融合是北朝民族间的两大主题。山西作为北魏和东魏、北齐的核心统治区域，北通塞外草原，南临中原腹地，不仅极具军事战略价值，而且是农耕社会与草原民族交汇的前沿地带，更成为华夏各民族和文化交融的“大熔炉”，催生出绚烂多彩的北朝壁画艺术。这些壁画呈现的骑马打猎娱乐场景，斗拱、木构建筑风格，以及人物装饰、绘画手法、宗教信仰等方面，都成为民族融合、文化交流的历史缩影。

汉代，王昭君嫁给匈奴单于，促进了汉文化与匈奴文化的交流。内蒙古发现的嘎仙洞石刻，以汉文记述了北魏王朝兴起的经过。阿拉善盟额济纳旗有着距今 2000 多年的汉代长城，在长城脚下的烽燧和障城里，出土了堪称“国宝”级文物的居延汉简。古居延地区在秦汉时期为匈奴南下河西走廊的必经之地，也是西北军事和经济重镇。朝廷在此处大规模建设军事设施，屯田戍边，古居延也因此留下了大量的汉代简牍文书，为长城南北

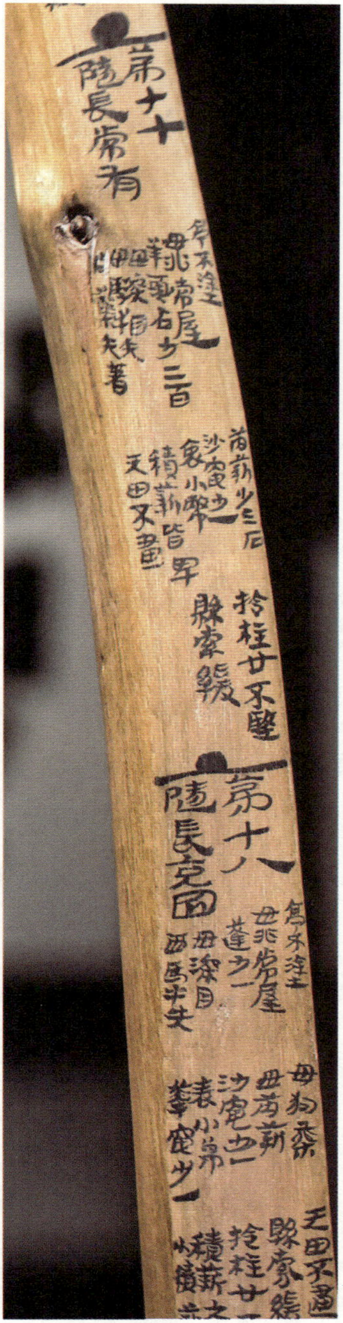

居延汉简（新华社供图）

的文化交融再添例证。

明代是一个大规模建筑长城的时期，从建立到灭亡的 200 多年间，一直在修建长城。明长城更为牢固，防御功能更强，保障了人民生活安宁，而且长城关口多位于交通要道上，配备驿站、旅舍等设施，为长城南北发展商贸活动提供了便利。明朝廷顺应需求，开放“互市”。“互市”分为官市和民市，在长城沿线有数十处之多。长城以北的游牧民族牧养牛羊、马匹等，长城以南则生产农产品和手工业产品，双方互补所需，马市、茶市、茶马市繁荣发展。双方的商贸活动也促进了文化对话，骑马、摔跤、音乐等草原文化与南方的诗歌、戏剧、绘画等技艺通过长城沿线相互交融，丰富文化内容。

长城是中华文明内部各区域文化之间碰撞、交流的历史见证和遗留物。长城因防御目的修建，但在历史发展和文化交流中却并不是一条“界限”。南北方在此对话与交流，农牧文明交融共生；虽然彰显着地理区域界限的本质，但从民族国家的层面审视，它更是一种文化融合的象征，具有很强的标志性。这为我们今天的发展提供了潜力。

《北京市国民经济和社会发展第十三个五年规划纲要（2016—2020）》正式提出了大运河文化带、长城文化带和西山永定河文化带的构想。之后《北京城市总体规划（2016 年—2035 年）》进一步细化和解读了“三个文化带”。长城文化带规划范围可分为长城资源、长城相关文化资源、自然资源三大类。其中，长城资源、长城相关文化资源包含了世界文化遗产、各级文物保护单位、非物质文化遗产、历史文化街区、历史文化名镇名村、传统村落、历史建筑等多类型和不同保护级别的对象。自然资源包含自然保护区、风景名胜区、森林公园、湿地公园、地质公园、矿山公园、重要水源区。这些资源共同助力文化建设。

未来我们要注重长城文化带的内涵挖掘和扩展，以长城具有的文化交融属性为借鉴，引领当代发展，丰富和传播中华文明。

长城下的生活

时间：2022 年 7 月 18 日下午
地点：黄花城水长城

黄花城水长城位于怀柔区九渡河镇境内，因三段长城入水而得名，以奇著称，以秀为特色，是融青山、碧水、长城、古树为一体的旅游休闲胜地。既有江南水乡的优雅风韵，又有塞外北国的壮美风光。

黄花城水长城的“四大奇观”引人入胜：“长城绕湖畔”，长城盘旋于山脊之上，环绕在灏明湖畔，景色秀美壮观；“巨龙探水湾”，湖水将长城自然断开，形成长城戏水、水没长城的奇特景观；“沧桑古栗园”，明代板栗园历史悠久，园内古栗树盘根错节，形态各异；“峭壁山水潭”，从半岛至黑龙潭，沿途都是悬崖峭壁，小溪流水，景区别有洞天。

“北怀柔，南川蜀”，怀柔是“中国板栗之乡”，从明代开始，这一带开始大规模种植板栗，因营养丰富、耐储存、方便携带，长城守军将其作为干粮，也因此造就了“绿色长城”。怀柔区拥有树龄在 500 年以上的“大明栗”近千株，形成了目前华北地区最大的古栗树森林，可谓京郊独一无二的人文奇观。怀柔的海拔、日照、

| 黄花城水长城（遗产地供图）

土壤等条件得天独厚，适合优质板栗生长，板栗果形玲珑、色泽美观、肉质细腻、果味甘甜、易剥内皮、糯性强。明代，怀柔板栗流行于皇家宦府、富商大吏等富贵之家。清代，慈禧太后为了延年益寿，经常食用怀柔栗子面窝头，后传到民间，成为著名的北京小吃之一。

长久以来，板栗都是当地农民的主要收入来源之一。目前，怀柔全区板栗种植面积约 190 平方千米，销往全国 20 多个省市并出口到日本以及东南亚、欧美的部分国家和地区。但之前怀柔板栗因种植粗放，销售渠道单一，也曾面临销售难题。栗子价格便宜，导致很多人慢慢放弃了种植栗树，很多山场被荒废。

李思鹏出生于 1995 年，从小生活在长城脚下，大学时学习了音乐教育，却在毕业后毅然选择回乡创业。他用创新思维改变传统

| 长城下的板栗树（遗产地供图）

的板栗种植，开发食栗仁、栗蓉、栗子糕点等产品，通过深加工、社区团购、直播拓展销售渠道，成功带动了当地板栗产值增长。李思鹏的成功让更多人选择回乡，他的团队大部分是“90后”，全是当地的“新农人”，与从小吃到大的栗子打交道成为他们的职业。

李思鹏的故事是怀柔板栗产业发展的一个缩影。如今，不少民宿推出了板栗宴，板栗烧肉、栗子面窝头等特色美食备受游客青睐；青年设计师深挖栗蓬和栗壳染色的价值，开办植物染色艺术馆，吸引大量游客前来体验。这些富有创意的新形式，成功实现了传统种植业和现代文旅产业融合发展。

1998年，来自英国的威廉·林赛获得了中国国务院颁发的友谊奖章；2006年7月，英国女王伊丽莎白二世授予他“帝国勋章”；2008年，他还获得了北京市政府颁发的长城友谊奖。这些荣誉都是表彰他长期致力于长城的保护以及在中英文化交流方面取得的成绩。

早在 1967 年，11 岁的威廉·林赛在一本世界地图册上初次见到万里长城，从而在心中埋下对长城向往的种子。1986 年他初次来到中国，却因水土不服，被迫回国。1987 年，他再次来到中国完成自己的“长城梦”，也因此与来自西安的妻子结缘。

在爬长城的过程中，乱扔的垃圾让他痛心，他认为雄伟的长城不应该因为垃圾而丢失魅力。从此他便开始了长城“清洁”工作，组织各项长城保护类志愿活动，在北京周边的长城拾捡垃圾，如今已经坚持 20 多年。1998 年，威廉·林赛召集 120 多位来自世界各地的志愿者，组织了声势浩大的“我美化了长城”活动。在金山岭和司马台长城之间，他们捡了 150 多袋垃圾。2001 年，威廉·林赛在香港注册成立了“长城国际之友”协会，提出“山野之约”，号召大家“带走垃圾，不随地乱扔”。直到现在，他鬓角头发已经泛白，仍然坚持和志愿者去长城拾捡垃圾。

如今，威廉·林赛一家已经定居中国，两个儿子也在他的感染下加入长城保护的行列。“从嘉峪关出发，穿过沙漠，进入黄土高原，跨越黄河，在太行山和燕山山脉里翻山越岭，一直跑到丹东的虎山长城。我想成为跑完明长城全线最年轻的人，这也是我毕业后即将奔赴的‘长征路’。”这是小儿子汤米·林赛在北京大学毕业典礼发言时讲述的，这也是他的“长城梦”。

一个英国人不远万里跑来中国长城，捡了 20 多年垃圾。威廉·林赛与长城结下了不解之缘，“守护长城”成为一家两代人的信念，这就是长城的魅力。

长城从来都不是独立存在的，它与形形色色的人交织在一起。

春秋战国时期，几十万乃至上百万民众开始修筑长城。此后历经 20 多个诸侯国家和专制王朝，当权者下令新建或修缮长城，一条蜿蜒“巨龙”最终出现在中华大地上。随着时间流逝，长城各段有的残损，有的杂草丛生，有的遗迹难寻，“五十勇士”用岁月恢复长城原来的面貌；世界各地的人来到长城，定居中国，为长城的保护做出贡献。进入新时代，一群从小生活在长城下的“90 后”回到家乡，对长城的特殊情感，激励他们更好地建设家乡。

“The Great Wall”翻译为“长城”，而不是“长墙”。长城是防御工程，但不是一道墙，而是一个由墙体、烽燧、敌台、关口、城堡组成的大型综合性防御体系。随着岁月的迁移，那些星罗棋布的关口堡寨渐渐从屯兵驻军形成聚落，人们也在长城脚下落地生根，繁衍生息。如今，长城已成为精神文化的符号，跨越历史、年龄、国籍，以其雄伟的身影，鼓舞着奋勇向前的人们。未来，让我们继续与长城同行。

通过两天的行走，我们决定将长城的世遗色定为“赭石”，赭石色是土地的颜色，土地养育了我们中华儿女，对于中华民族而言是安定、家园的象征，这正是长城的意义所在。

第三站
海南热带雨林和黎族传统聚落

遗产地档案

遗产名称	海南热带雨林和黎族传统聚落
遗产位置	海南省
遗产种类	文化和自然双重遗产
世遗色	苍绿

#bcdbe0
#dabe52
#017057
#156768
#003d36

动植物的“诺亚方舟”

时间：2022 年 11 月 14 日上午
地点：海南热带雨林国家公园五指山片区

热带雨林是地球上生物多样性最丰富的生态系统之一。大多数热带雨林位于南北回归线之间，例如中美洲、南美洲亚马孙河流域、非洲刚果河流域等。在我国，热带雨林资源极为珍贵，主要分布于热带季风气候区北缘，包括海南全部，云南、广东、广西的部分地区，西藏东南部和台湾南部。

海南热带雨林国家公园拥有全国分布最集中、保存最完好、连片面积最大的大陆性岛屿型热带雨林，也是我国首批设立的 5 个国家公园之一。《万里走单骑》第二季我们探访了武夷山国家公园，感受到“自然界的生命律动”，这一次我们来到海南热带雨林，寻访动植物学家眼中的“诺亚方舟”。

海南岛上的热带天然雨林主要分布在岛东南、中南、西南部和中部海拔 500 米以上的山地，主要分布于鹦哥岭、霸王岭、尖峰岭、黎母山、吊罗山、五指山、毛瑞这 7 个片区。海南热带雨林国家公园规划面积 4269 平方千米，其中，五指山片区横跨五指山市、琼中县、保亭县、陵水县，约占总面积的 46%。明代海南名贤丘濬曾写诗咏叹“琼台八景”之一的“五指参天”云：“五峰如指翠相连，撑起炎荒半壁天。夜盥银河摘星斗，朝探碧落弄云烟。雨余玉笋空中现，月出明珠掌上悬。岂是巨灵伸一臂，遥从海外数中原。”将海拔比泰山还高 300 米的五指山的俊、秀、奇描写得淋漓尽致。

"万里少年团"探访昌化江源头

五指山顾名思义，五峰依次相连，形似人的手指。五指山被誉为“海南屋脊”“琼州水塔”，主峰海拔 1867 米，是海南最高峰。同时，五指山是海南岛重要的水源涵养地，海南三大江河中万泉河和昌化江都发源于此；孕育古老黎族的母亲河——水满河流淌在山林间，滋养了雨林中的万千生命。山峦、丛林、溪流共同组成了海南热带雨林国家公园五指山片区。

“万物在一山，十里不同天”，这是对海南热带雨林国家公园五指山片区景致的描述。该片区为地势逐渐降低的环状地貌结构，中部为山地，四周为丘陵、剥蚀堆积平原、台地、滨海平原。这种地貌使五指山的气候、植物、土壤等形成垂直带谱与水平环状分布，从山脚到山顶可分为热带低地雨林、热带山地雨林、热带亚高山矮林、热带山顶灌丛和次生热带雨林。同时，五指山是海南南北热量分界线和东西水分分界线，特殊的气候有助于形成丰富的生物多样性。五指山片区记录野生维管束植物 2146 种，国家Ⅰ级保护野生植物 6 种，国家Ⅱ级保护野生植物 85 种。另有海南粗榧、石碌含笑、皱皮油丹、蝴蝶树、海南韶子、海南紫荆木等 284 种植物，均为海南特有物种。

五指山片区的动物资源也极其丰富。据不完全调查统计，此地有陆栖脊椎野生动物 345 种，鱼类 67 种，昆虫 1700 余种。列入国家Ⅰ级保护野生动物 9 种，包括圆鼻巨蜥、海南山鹧鸪、海南孔雀雉、云豹、小灵猫、大灵猫、穿山甲、海南鳽和中国唯一的蝶类国家Ⅰ级保护野生动物金斑喙凤蝶；列入国家Ⅱ级保护野生动物 50 种；列入《濒危野生动植物种国际贸易公约附录》39 种；列入《世界自然保护联盟濒危物种红色名录》9 种；列入《中国濒危动物红皮书》43 种。

| 海南特有鸟类——海南山鹧鸪（遗产地供图）

我们跟着世遗向导海南国家公园研究院副院长汪继超老师一起走进五指山片区热带雨林，看、听、闻、触、感受热带天然雨林的独特风貌。

桫椤在约 1.8 亿年前的侏罗纪时期，是陆生植物中当之无愧的王者。它与恐龙一样，同属爬行动物时代的两大标志。“现存唯一的木本蕨类植物”桫椤作为一种典型的孑遗植物，是地球变迁的见证者，在古植被演化和蕨类植物系统发育等研究方面具有重要价值，而海南岛覆盖了我国桫椤科的全部属和亚属，因此海南热带雨林是保存最完好的几亿年前的“考古现场”。

“万物在一山”，有限的空间、资源，造就了热带雨林植物的“奇”。热带雨林有着多树种、多层次、丰富多样的景观，其森林层次一般有四五层之多，且层层相叠。各层植物为占据生存空间而采取各种生存方式，从而形成奇异的热带雨林垂直景观。同时，高大

桫椤（新华社供图）

乔木林冠层为林下微生境构建了良好的屏障，保证了林下湿度和温度，体现了共生共存的智慧。

和北方林木不同，热带雨林森林结构中有一个特殊的组成部分——附生植物，例如巢蕨、兰花，它们攀附于高大树木的树干、树枝甚至树叶上，形成了热带雨林八大奇观之一的“空中花园”。生态学的能量流动和物质循环在雨林奇观中有很好的体现。“空中花园”中的兰花，其种子是鸟粪带过来的，营养是从树木中吸取的，所以产生了树上树、树上花、树上草。

在热带多雨地区，由于受雨水冲刷，土层都较薄，常见裸露的石头。雨林里的热带树木为适应环境生存，演化出了数米高、数米宽的“板根”，支撑着几十米的植株。“根抱石”是热带树木适应环境的又一奇观，生长在石头上的树木很难获取养分，只能靠自己顽强的生命力，不断缠绕岩石向下生根。虽然这个过程非常缓慢，但

“空中花园”景观（遗产地供图）

长此以往，树根会完整地抱住大石。“滴水叶尖”也是热带雨林中形成的奇妙现象，雨水顺叶尖流下，形成滴水叶尖。叶尾细长，易涵蓄水珠，同时，当植物体内水分吸入量大于蒸发消耗量，过多的水分就从叶尖或叶子边缘的水孔排出，形成水珠。若气温突然下降，空气中的水蒸气遇冷，露珠还会散布于叶子表面的任何部位，滴水叶尖能使叶片表面的水膜集聚成水滴流淌掉，叶面很快变干。这样既有利于叶片的蒸腾作用，又能避免一些微小的附生植物在叶片表面生长而妨碍其光合作用。

行走在热带雨林中，移步换景，一步一景。滴水叶尖、植物绞杀、根抱石、空中花园、巨型叶、老茎生花、独木成林、板根，热带雨林的八大奇观体现了雨林植物的根、茎、叶、花和果的奇，这让我们感叹自然的智慧。在这片土地上，动植物编织出欣欣向荣的生命画卷。

这趟热带雨林之旅，让我对保护的意义有了更加深刻的认知。我相信如果人们来过雨林，看到植被的郁郁葱葱，听到鸟兽虫鸣，感知到生命的力量，大家都会更加明白保护的意义。大片的热带雨林还使这里成为“天然氧吧”，海南热带雨林国家公园主要片区空气中负离子平均浓度在6000个/立方厘米，瞬间值最高可达11万个/立方厘米，十分适合人们旅游度假、休闲养生、康复疗养。所以希望大家有机会可以来到海南热带雨林国家公园，上一堂生动的自然课，这无疑是最好的自然科普。

古老文明的传承延续

时间：2022年11月14日下午
地点：初保村

海南热带雨林不仅是动植物的“诺亚方舟”，丛林秘境之中还生息繁衍着有3000年历史的黎族人民。万物共生的和谐之道，就藏在这苍绿的斑斓锦色中，而“苍绿”也是我们这期的世遗色。

黎族是海南岛人数最多、分布最广的少数民族。学界多数认为黎族主要来源于我国南方古越族的一支——骆越人。他们以海南岛的原住民自居，是最早大规模开发海南岛的人类群体。自3000年前的殷商时期，便有以百越文化为主体的黎族先民从广东、广西等地，泛舟渡海抵达海南岛。

在黎族内部，由于迁居、登陆海南的年代、地点等不同，分化为五大方言群，即所谓“一黎五支”：哈黎、杞黎、润黎、赛黎和美孚黎。几千年来，他们依靠雨林丰富的自然资源，过着“靠山吃

| 初保村（新华社供图）

山，靠水吃水”的生活，风俗习惯深受热带雨林的地理环境和气候条件的影响，创造了独具特色的海南热带雨林民族文化。

初保村是五指山市唯一保存古老原貌特色的黎族村落，被称为“黎家第一村”。我们来到初保村，探访海南热带雨林中的另一个生命主体——人。

“初保”在黎语方言中有“猪槽”的意思，这是因原来的地势地貌形似猪槽而得名，遂也有了聚宝盆之意。当地村民们称这里为“德什龙”，意思是“在大水田的上面”。初保村坐西朝东，依山傍水，村前有一片阶梯状排列的水田，从远处望去，层层叠叠、天光云影，正可谓是在水田上的村落。

清代《崖州志》记载：“山凡数十重，每过一重，稍有平坦之处，黎人即编茅居之。”黎族先民在群山环绕之中选择平缓坡地营建居所，居所选址往往靠近耕地，便于劳作生产；靠近水源，便于生活饮用及灌溉农田；靠近山岭及森林，利于防台风袭击，也便于伐木狩猎。可谓随形就势，与周边环境和谐共生。

船型屋是最富有热带雨林民族特色的住宅，黎语称为“布隆亭竿”，意为“竹架棚房”。据传说，黎族的祖先是从大陆沿海乘木船漂洋过海而来的。他们靠岸后，见荒野空旷，杳无人烟，只好将船翻过来，覆盖在地面上当屋住。后人为纪念祖先的万里迁徙，便模仿船的样子建造自己的房屋。这种房屋因外形像倒扣的船篷，得名船型屋。

清代张庆长《黎岐纪闻》载：“屋室形似覆舟，编茅为之，或被以葵叶或藤叶，随所便也。门倚脊而开，穴其旁以为牖。屋内架木为栏，横铺竹木，上居男妇，下畜鸡豚。”100 多年前，美国传教士香便文曾到海南岛旅行考察，在《海南纪行》里记录了船型屋的形制。船型屋长而阔，茅檐低矮，有利于防风、防雨；房子分为前后两部分，门向两端开，架空的结构有助于防湿、防瘴、防雨；茅草屋面也有较好的防潮、隔热功能，非常适配雨林潮湿闷热的环境，而且能就地取材，拆建也很方便。鉴于这些优点，船型屋得以世代沿袭下来。

最初的干栏式船型屋底部离地较高，在 2 米左右，也称高脚船型屋。房屋下部空间用于饲养牲畜，上部以竹条编制拱形结构，覆盖茅草，形成筒形屋顶。随后，在汉族文化的影响下，船型屋底部的畜养空间逐渐消失，高脚缩短成离地仅 0.5 米左右的矮脚，也称低脚船型屋。清末民初，黎族学习汉族造床而睡，逐渐将干栏式船型屋的栏脚去掉，直接落地建屋，最终嬗变为地居式船型屋。

2010 年，五指山市委、市政府统一部署，按照保护初保村非物质文化遗产“黎族干栏式茅草房原型自然村”的原则，将初保村

┃初保村船型屋（遗产地供图）

76户茅草房住户整体搬迁。2012年，初保村整村搬迁项目全部建成，“新”村与“老”村相距约1000米路程，放眼望去，具有浓郁黎族特色的两层民居楼房整齐连片，人居环境优越，环村路、文化室、篮球场以及水电供应等基础设施齐全，村民的生活条件得到极大的改善。与此同时，村落旧址保护完好，为初保村在历史的长河中留下一片古朴的印迹。老村不再负担居住的功能，但因为离田地近，村民仍在自己的老房子里放置农具，有时也在这里午休小憩。

船型屋是黎族文化的重要元素，具有早期海洋文化特征，也可理解为中国传统营造“仿生象物”的产物。黎族传统聚落所反映的人地互动关系、生活习俗特征和村落物质遗存，充分体现了当地人民与自然环境相互适应的生态智慧，是热带地区岛屿型部族聚落的典型代表，具有一定的全球代表性。2008年，“黎族船型屋营造技艺”入选第二批国家级非物质文化遗产代表性项目名录。

盖一间船型屋需要茅草、木料、竹子、藤等物料。若是物料齐全，十余个人用两天就可以盖起一间船型屋。过去村里每户都分得一片山地收割茅草，而如今，茅草逐渐变成了稀缺资源。随着越来越多的黎族村民搬出祖祖辈辈居住的古村落，迁入砖瓦房，船型屋脱离人们生活渐久，日渐式微。直至最后一间船型屋倒塌，船型屋会逐渐被人遗忘，其营造技艺也将失传。保护这种古老的技艺是必须的，船型屋今天虽已不实用，但这份技艺里饱含着对黎族先祖的纪念和敬畏，需要被好好保护。

黎族文化内涵丰富，除了船型屋外，还有独具黎族特色的打柴舞、文身、骨簪雕刻、黎锦、印染等。

黎锦，即黎族传统纺染织绣技艺，至今已有 3000 多年的历史，是中国乃至世界上最古老的棉纺技艺之一，堪称棉纺织历史上的活化石。早在春秋战国时期，史书上就称黎锦为“吉贝布”，清代陆次云编撰的《峒溪纤志》载:“黎人取中国彩帛，拆取色丝和吉贝，织之成锦。”范成大《桂海虞衡志》记载的“黎单”“黎幕”在宋代已远销大陆，“桂林人悉买以为卧具”。黎族纺织技术领先中原 1000 多年，海南岛也因黎锦而成为中国棉纺织业的发源地。

黎锦精细、轻软、洁白、耐用，清代程秉钊在《琼州杂事诗》中夸赞“黎锦光辉艳若云”。黎锦所传承的花纹图案更是堪称这个民族的独特史书。在过往没有书面文字的情况下，许多黎族历史、文化传奇故事便是通过黎锦的形式传承下来的。

黎锦的制作过程较长，量多则需更久，因此十分珍贵。其制作工艺分为纺、染、织、绣 4 个部分，各具特色。黎族人民利用当地丰富的木棉、野麻等纺织原料，在雨季将采集的野麻外皮扒下，经

丨老单制作黎锦

过浸泡、漂洗等工艺，渍为麻匹。麻匹经染色后，用手搓成麻纱，或用纺轮捻线，然后利用手捻纺轮和脚踏纺车织成布。

染色是黎族民间一项重要的经验知识，染料主要采用山区野生或家种植物做原料。踞腰织机是一种十分古老的织机，与六七千年前半坡氏族使用的织机十分相似，黎族妇女用踞腰织机织就美丽图案花纹。据不完全统计，织锦图案有 100 多种，大体可分为人形纹、动物纹、植物纹、几何纹，以及反映日常生活生产用具、自然界现象和汉字符号等的纹样。不同图案、色彩的黎锦表达不同的寓意，即黎锦可以讲述黎族的故事。

黎族的刺绣分为单面绣和双面绣，其中双面绣是在一种特制的双层经纱上进行两面花纹的刺绣，以白沙润方言区女子上衣的双面绣最为著名。她们刺出的双面绣，工艺奇美，不逊于苏州地区的汉族双面绣。

然而，如同船型屋建造技艺一样，如今掌握黎锦技艺的人数逐渐减少。为了让黎锦能够在新时代得到更好的传承和发展，黎锦已成为海南很多学校的一门特殊课程，同时通过黎锦技艺传习馆、培训基地的传承活动，培养出了一批批优秀的手工业人，也让优秀的传统技艺焕发新生。

自然遗产与原住民

时间：2022 年 11 月 15 日上午
地点：海南热带雨林国家公园霸王岭片区

初保村的船型屋、黎锦以及黎族人的生活习俗都是人与自然的互动。然而，自然保护区中应不应该有人居住呢？

泰国岗卡章森林保护区申报世界遗产的过程，就是这个问题的典型案例。这片泰国国宝级热带森林的申遗之路异常坎坷。1981年，泰国岗卡章国家公园成立，泰国政府以国家法律规定的国家公园保护区内不得建立永久性建筑物为由，要求克伦族人搬离居住地，以小块农地为补偿。克伦族人世代在这片土地上刀耕火种，却被泰国政府要求搬离，双方遂产生矛盾，甚至发生了流血冲突。2021年，在中国福州召开的第 44 届世界遗产大会上，已经历经 3 轮补报的泰国岗卡章森林保护区再次引发有关自然遗产地原住民人权的激烈讨论，同时刚果民主共和国萨隆加国家公园和卡胡兹－别加国家公园项目也都涉及自然遗产和原住民的问题。

从 1972 年《保护世界文化和自然遗产公约》公布，到全世界拥有 1000 多项世界遗产，从这个过程中我们也可以看到涉及自然遗产和原住民的理念不断深化。在1972年《保护世界文化和自然遗产公约》里虽然提及自然遗产在“人类同自然环境之间的关联”“自然和文化要素的特殊结合”上的价值，但对于自然遗产此类价值的重要承载者和传承者——原住民却基本没有涉及。那时候所指的自然遗产，就是“自然”遗产。要么是基本不涉及原住民，要么是只关注人类对于自然资源的利用和使用，但还没有注意到自然遗产地的地方社区和原住民对于遗产地的保护和珍视。

1992年文化遗产中细分出“文化景观”这一自然与人类共同的杰作，人们意识到原住民是凸显和传承文化景观类遗产的重要载体。1996年的瓦努瓦斯会议，首次明确了自然遗产中“自然”的概念，认为“自然”是一个相对概念，自然遗产中没有一个地区是原始的，自然地区的人类活动经常发生，在可持续的前提下，可以补充自然遗产的价值。这代表原住民对自然遗产可以产生有益的作用得到承认。2001年，世界遗产土著居民研讨会召开，明确提出:“土著人民是土地和水域的所有者，他们永远是他们的先民在这片土地上所发展的知识、传统、文化的知情人、所有人、管理人。”这一观点的发表令人振奋，为自然遗产与人的保护管理提供了方向。在2015年世界遗产大会上，世界遗产和可持续发展作为正式议题被首次讨论，会议明确应当促进自然与当地社会、经济生活的融合，通过原住民实现遗产的可持续发展，同时遗产的可持续发展反哺原住民的生活质量。在此思潮的影响下，处理自然遗产和原住民问题的方案不断优化。

自然遗产中的原住民与周围的环境相伴而生，原住民对自然遗产并不只有利用和保护管理的负面影响，他们形成的保护传统和维生方式于自然保护是有贡献的。原住民是自然遗产突出普遍价值的

海南长臂猿（遗产地供图）

重要组成部分，有些自然遗产如若没有人与自然长期的相互作用，其突出普遍价值也将不复存在，例如船型屋营造技艺就是我们与祖先、与自然之间的联系。

人与自然的互动始终是生命力的源泉。在《万里走单骑·辛丑季》中我讲述了“恋庐山”的故事，庐山不仅是一座山，更是一座城，养育了几代庐山人。在庐山之巅的牯岭镇，几百年来人们一直以芦林湖为水源，这样的伴生关系，造就了“恋庐山”的故事，让庐山人用双手延续庐山云雾中的记忆。这就告诉我们应该转变思路：将原住民视为知识生产者和保护管理者。

海南长臂猿是海南特有的灵长类动物，目前只分布在海南热带雨林国家公园霸王岭片区，全球数量不足 100 只。2002 年第 19 届国际灵长类学大会，确定海南长臂猿位列世界极度濒危灵长类第 1 位。

丨李文永采集长臂猿粪便（新华社供图）

李文永、李全金两兄弟是海南长臂猿监测队的一员。海南长臂猿的声学结构与其他猿类不同，每天清晨猿群开始第一次鸣叫，声音高亢洪亮，以此来标识领地，监测人员就是通过此习性开展海南长臂猿种群数量调查的。每天四五点钟，他们从家中出发去寻找、标记猿的活动点，跟着它们找吃的，直到海南长臂猿睡觉才下山。他们随身携带相机、望远镜、试管、记录本、镰刀、蛇药、捕兽夹、水和干粮。望远镜用来观测，相机用来拍摄，试管用来采集猿粪、猿吃剩下的果壳等。他们巡视的过程也会存在危险，例如毒蛇的攻击，因此需要蛇药和捕兽夹。

以李文永、李全金两兄弟为代表的苗村人民，世代生活在霸王岭山脚下，但从来没有伤害过海南长臂猿。苗村的老人从小就教导他们，猎杀长臂猿会遭遇不幸，所以生活在这里的人们一直对长臂猿“敬而远之”。如今，村民们成立了海南长臂猿监测队，守护着长臂猿。经过十几年的相处，他们和海南长臂猿已经成了非常熟悉的老邻居。

在 2003 年的一次综合调查中，只有 13 只海南长臂猿被记录下来。经过努力保护，海南长臂猿恢复到 5 群 36 只，其中一只是今年刚刚诞生的小宝贝。海南长臂猿是海南热带雨林生态系统完整性和原真性的指示物种，其数量增多是保护成果的最好体现。在这个过程中，作为原住民的人守护着同样作为原住“居民”的动植物，奏响了最美的生命之声。

富美乡村图

时间：2022 年 11 月 15 日下午
地点：水满乡毛纳村

在五指山两天的行程中，目之所及都是蓝天白云、绿水青山，世世代代生活在此的黎族同胞与雨林和谐共生的生活也在不断向前发展。今天我又走进雨林中的另一处黎族村落——水满乡毛纳村，走进了一幅新时代热带雨林中、五指山脚下、田园乡村里祥和唯美的“富美乡村图”，它也许正为我们勾画着雨林里乡村未来的样子。

我由此联想到了国内几个遗产地，在列入《世界遗产名录》后，与之前有了天翻地覆的变化。

张家界武陵源风景名胜区在发展旅游业以前，属于“穷山恶水”地区，无论是农业经济还是工业经济都极不发达，交通闭塞，通信落后。其资源和价值不被外人所知，当地居民过着原始的“刀耕火种”的小农生活，在温饱线下挣扎。

1992 年 12 月，联合国教科文组织世界遗产委员会第 15 届会议批准武陵源风景名胜区列入《世界遗产名录》。当时，中国的旅游发展刚刚结束动荡时期，在这样的大环境下，张家界凭借世界遗产的金字招牌，旅游业起步发展。从 1988 年到 2017 年，张家界世界自然遗产地的国内生产总值从 10 多亿元提升到 500 多亿元，年均递增 10% 以上，高于全国 GDP 增长速度。产业结构比例得到优化，旅游业不仅成为张家界世界自然遗产地的立市之根本，而且成为带动全省旅游经济发展的龙头。

武陵源风景名胜区进入《世界遗产名录》后，张家界市的经济增长是惊人的，张家界农村居民生活从贫穷迅速跨过温饱、小康，进入富裕阶层。若是凭借张家界之前的工农业基础，在更长时间内都难以取得如此的经济效益和社会效益。

云南丽江古城和安徽皖南古村落——西递、宏村，分别于 1997 年和 2000 年加入《世界遗产名录》，立即由“养在深闺人未识”变成众多旅游者追捧的宠儿，年接待旅游人次年年攀高。河南安阳殷墟遗址于 2006 年被评为世界文化遗产后，仅 2007 年上半年前往殷墟参观的游客就超过 600 万人，与申遗前的同期相比，增长约 20%；国际知名度也大幅提升，申遗成功一年内前往观光旅游的外国游客达到 2 万余人，创外汇收入 600 多万美元，比此前同期增长了 50% 以上。

海南的热带雨林是茶叶的原产地之一，其中水满茶是最早出名的茶叶品种。水满茶因产于五指山南麓的水满乡而得名，一般指水满乡当地黎族群众采集野生的大叶茶叶手工制成的绿茶。它香气清高持久，汤色黄绿明亮，滋味浓醇爽口。古时，因品质上乘且野生茶叶产量有限，水满茶一度成为朝廷贡品。

年近花甲的毛纳村村民王柏和与妻子王菊茹开了一间手工制茶作坊——和茹手工茶坊，主营水满大叶茶。老两口种茶炒茶，自产自销，依托当地发展起来的旅游业，每年能卖 100 多斤茶，年收入 3 万多元。

海南热带雨林国家公园有着丰富的植物、动物、矿物等药物资源。世居于此的黎族和苗族人积累了丰富的雨林野生植物的药用知识，特别是针对与雨林游猎生活密切相关的毒蛇咬伤、跌打损伤、骨折、疟疾等疾病的治疗。黎苗医药如今也成为当地的经济发展方式。

灵秀的水土孕育了丰厚的艺术。每逢丰收、新春佳节、“三月三”或贵客到来，黎族、苗族同胞相约来到村寨开阔之地，燃起火把，敲响铜锣，跳起“打鹿舞”“鹿回头”“椰壳舞”等欢庆舞蹈，唱起热情的民歌，情意切切，喜乐融融。人民安居乐业，生态保护、文化传承、经济发展相得益彰，这就是乡村振兴最美丽的风景。

我们在雨林中策划了一场时装秀，以国际化的方式，让黎族灿烂文化走向舞台，走向世界。专业模特身穿黎锦制作的衣服，“苍绿森林”系列，使用蜻蜓纹、蛙纹、鹿纹、牛纹等动物纹纹样点缀肩带、衣领处，象征万物复苏；“素白锦绣”系列，将人纹、鸟纹、植物纹等传统纹样手工织造在植物染色的黎锦面料上，寓意吉祥；“树皮衣”，神秘的古树除了毒汁可射杀猎物，树皮也可以做成衣物，廓形的时尚元素已流转千年……取材自然的黎锦是黎族人民披在身上的传承，它完全取材于热带雨林，却让世界惊艳。

2018 年，习近平总书记在海南考察时曾说：“青山绿水、碧海蓝天是海南最强的优势和最大的本钱，是一笔既买不来也借不到的宝贵财富，破坏了就很难恢复。要把保护生态环境作为海南发展的

黎族时装秀

根本立足点，牢固树立绿水青山就是金山银山的理念，像对待生命一样对待这一片海上绿洲和这一汪湛蓝海水，努力在建设社会主义生态文明方面作出更大成绩。”

如今，一个个生态美、村民富的美丽乡村，正是海南用“绿水青山就是金山银山”理念建造的美好图景。我相信随着海南热带雨林和黎族传统聚落申遗推进，这里的富美乡村图会越绘越美。

第四站
大运河·德州

遗产地档案

遗产名称	大运河·德州
遗产位置	山东省德州市
列入世遗时间	2014年
遗产种类	文化遗产
世遗色	翠涛

#9ecfe6
#c5cd84
#5c8360
#496b53
#1c3f37

有德之州，好运之河

时间：2022 年 10 月 9 日上午
地点：古运河景区“九达天衢”牌坊

纵观历史，运河对世界文明的进程起到了重要作用。地处亚非欧交界处的苏伊士运河，于 1869 年竣工，全长 173 千米，是世界上最繁忙的海上通道之一，运河航运收入是埃及国民主要收入来源之一；巴拿马运河开通于 1914 年，全长 81.3 千米，连接大西洋和太平洋，极大地影响了世界航运和贸易版图。大运河全长 2000 多千米，流经 30 多个城市，并且开凿时间比苏伊士运河、巴拿马运河早 2000 多年。

《左传 · 哀公九年》载：“秋，吴城邗，沟通江淮。”郦道元《水经注 · 淮水》中说：“昔吴将伐齐，北霸中国，自广陵城东南筑邗城，城下掘深沟，谓之韩江，亦曰邗溟沟，自江东北通射阳湖，《地理志》所谓渠水也。西北至末口入淮。”春秋时期，吴王夫差开掘邗沟，拉开了大运河的序幕。

从大业元年（605 年）开始，隋炀帝命人开凿了北至涿郡、南至杭州、全长 2700 千米的隋唐大运河，在唐宋时期繁荣一时。但到了元初，隋唐大运河只有德州段御河等少数河段保持畅通。江南北运的货物由浙西入江淮，从黄河水道至中滦旱站（今河南黄河北岸封丘西南），然后陆运 90 千米入御河，经临清、德州、沧州、天津后运至通州，最后陆运到京城。这条线水陆转运，劳费甚巨。所以元代将隋唐大运河截弯取直，“弃弓走弦”，由江苏取道山东、河北而进北京，形成了贯通南北的京杭大运河，运程缩短了 900 多千米。明清时期沿用京杭大运河。

《乾隆南巡图》是国家博物馆收藏的国宝级珍品之一，共 12 卷，总长 154.17 米。此图描绘了乾隆十六年（1751 年）乾隆帝第一次南巡的场景。这次南巡历时 112 天，全程 2900 多千米，乾隆帝共题写御制诗 520 余首，从中选出 12 首，“以御制诗意为图”，令宫廷画师按照前后顺序分卷描绘。其中第二卷就是《过德州》，重点描绘的是乾隆帝乘轿从德州附近的一座浮桥过运河的场景，还有刚修整一新的德州古城，图中的桥和运河呈十字交叉，水路、陆路交汇。

隋唐大运河和京杭大运河都经过德州。隋大业四年（608 年），隋炀帝“诏发河北诸郡男女百余万开永济渠”，德州进入大运河时代。对于当年大运河过境德州的大致路线，北魏郦道元做了比较详细的记载：从临清入境，然后过夏津、武城、德州城区进入河北，部分利用境内古黄河、屯氏河、笃马河（马颊河）、商河、厌次河等河道开挖而成。隋大业八年（612 年），隋炀帝征伐高丽，乘龙舟经过德州到达涿郡。当时征兵 100 多万，号称 200 万，庞大的人流物流均由大运河承担，足见其航运能力。

京杭大运河截弯取直后，德州成为这条大动脉上的重要节点之一。尤其是济州河、会通河开通以后，南方物资——主要为民间所用的粮食可直接过临清进入德州，再源源不断地运到京城。元代典制文献《通制条格》载，至元二十九年（1292 年）正月十一日，御史台奏：“大都里每年百姓食用的粮食，多一半是客人从迤南御河里搬将这里来卖。”

明代迁都北京后，德州成为大运河历史上与临清、徐州、淮安齐名的四大名仓之一。永乐年间，德州仓年递运南粮曾达 400 万石。明清时期，德州成为大运河上33个商贸重镇之一。此时的德州，运河两岸商贾云集，舟车鳞集，货品堆积如山，百业兴旺，富甲齐郡。《读史方舆纪要》记载:“州控三齐之肩背，为河朔之咽喉。”“凡东南漕粟，商贾宾旅以及外夷朝贡，道皆由此。”除了运送粮食，德州市场上的棉花、杂货、草编品、烟草、药材等商品通过运河转运返销，并随运河的畅通而繁盛了几百年。漕运带来了人流、物流、财贸流，使得德州旅馆等消费行业迅速发展。众多店铺均集中在顺成街、南关街、西关街、小锅市、北厂及河西刘智庙，几乎家家户户打锅饼、烙麻酱火烧或烧羊肉，到处摆摊售卖。

德州曾存在多种码头文化，除了大家熟知的货驿码头、米码头，还有书码头，即说书的码头。南北往来的商旅、进京赶考的举子、在运河边干活的人等，于闲暇之余听书娱乐，久而久之形成了说书艺人扎堆的地方。竹子是中国南方的特产，黄河以北就不太常见。即便有的话，也仅限于某些庭院、园林里栽种的观赏型的竹子，或是耐寒性强的细竹，那种高大粗壮的毛竹在北方是很难看到的。但是一直到今天，山东的许多城市还都有竹编手艺人，在济宁、临清、德州等城市里，甚至都有江南风韵的竹竿巷——这就是大运河时代留下的遗产。

我们常说运河城市因“运”而生，因“运”而兴。德州曾因为“运”的功能，每年几百万石的漕粮得以经过德州转运北上；徽班进京、南方举子进京赶考、官员入京述职、使节们进京面圣等带来的多元文化在德州融合；诞生了孟云卿、高适、孟郊、李愚、孟简、宋若昭等诗歌大家，各领风骚；吸引了李白、高适等来此游历……然而，德州也因“运”的功能减退而衰。清代末年，随着停漕改革令的颁布、南方战争的发生、其他运输方式不断发展，漕运的弊端也逐渐显现。20 世纪六七十年代古老的运河水量逐渐减少，失去了通航条件，德州段卫运河、南运河于 1978 年彻底停运。

如今，大运河以“黄河”为界，呈现出“南盛北断”的总体格局。黄河以南的运河之上船只川流不息，运力不断增大，促进了沿河流域文化经济的快速发展和生态平衡。而黄河以北的运河却从 20 世纪 70 年代起断航，航道严重缺水，荒废在华北大地上。

如何唤醒这条沉睡在华北大地的黄金河道？2022 年初夏，汇集着长江水、本地水、引黄水、再生水、雨水等来自“五湖四海”的水，涌动着推开了山东德州四女寺水利枢纽的闸门，以北京为起点的千年大运河黄河以北段百年来首次实现全线通水，也为其复航带来更大的可能。

然而有些声音再度发问：现在的中国高速铁路网络遍布，货运航运发达，复活一条 2000 多年的航道，有必要吗？大运河“重生”的意义到底是什么？它又能为运河两岸带来多少种想象？这一站，“万里少年团”就将开启对大运河德州段的探访，一起寻找问题背后的答案。

百年来首次全线通航

时间：2022 年 10 月 9 日下午
地点：四女寺水利枢纽

《万里走单骑》第二季我们去过大运河扬州段，感受了大运河开通后造就的“广陵自古繁华地，三月烟花八月涛”。这一次，我们来到山东德州。同为一条运河上的两段，扬州大运河一直是通水、通航，而德州大运河基本断流。

曾经的京杭大运河德州段是什么样子的？根据《德县志》记载，“面宽二十丈，底宽八丈，深二丈三尺”。也就是说当年的京杭大运河德州段，水面宽六七十米，河底宽近 30 米，水深近 8 米。但是运河上舟楫往来、运河边繁荣市井生活都随运河的干涸、停运消失，令人惋惜。

2022 年 4 月 28 日 10 时，位于山东德州的四女寺水利枢纽南运河节制闸开启，汩汩清水奔涌北上。200 千米外，位于天津静海区的九宣闸枢纽南运河节制闸开启，南来之水经南运河与天津本地水汇合。至此，京杭大运河实现百年来首次全线通水。

京杭大运河德州段由卫运河和南运河组成，全长 141 千米。四女寺水利枢纽在德州城的南部武城县内，属于京杭大运河的下游，是南运河的起点，卫运河的终点。历朝官府设漕运、盐铁、税收、商业等多个管理机构于此，故有“恩县衙门在寺上”之说。历史上四女寺周边建筑如林，气势雄伟，景物宏盛。1958 年，国家为治理卫运河和四女寺减河修建四女寺水利枢纽（旧闸），包括船闸、节制闸和进洪闸。至运河断航（断流）前，四女寺水利枢纽（旧闸）通行了 10.7 万艘船。

我们一行人来到四女寺水利枢纽，感受京杭大运河的重生。在这里，我们可以看到，卫运河通过四女寺水利枢纽后一分为三，河道较窄的是南运河主河道，另外两条是减河和岔河。河面宽阔，水量充沛，重现了大运河恢宏的场景。

其实京杭大运河黄河以北河段水资源严重短缺，通惠河、北运河有水，卫运河除丰水年外常年断流，小运河、南运河除南水北调东线等输水线输水期有水外，其余时段基本处于断流状态。过

| 四女寺水利枢纽（遗产地供图）

去的京杭大运河主要是靠雨水及季节性积雪融水、湖泊水、地下水人工补给。赶上雨水少的年份，枯水期河底都能过三轮车。

这次京杭大运河的通航，汇集了五湖四海的水补进南运河。长江水沿着南水北调东线，汇入东平湖，部分湖水长途跋涉，与经引黄线路而来的黄河水在六五河相遇。汇合后的江河水穿过一系列水利工程进入南运河德州段。还有河北岳城水库的水，经过漳河、卫运河进入南运河。漳河算是海河水，加上长江水、黄河水，我国三大水系的水汇聚于此。再加上本地水、再生水和雨水，通航水量等于 30 多个西湖。

大运河申遗时，评估文件用的是“工业革命之前世界上规模最大、范围最广的土木工程”来概括大运河在人类文明史上的重要地位。它首先是一项工程技术遗产。大运河德州段工程建设素有“三弯抵一闸”的赞誉。南运河“弯道抵闸”，以蜿蜒曲流的河道形态对航道水面坡降做出调整，不建一闸，在较少人工干预的前提下，完美实现控制河水流速，满足了运河河道行洪和通航需要。在没有卫星定位、数字技术、精密测绘的条件下开凿大运河，现在也许都要耗时数十年，在7世纪时完成了2000多千米运河线路的建设，足见大运河上充满了工程设计智慧。

“引黄工程”是京杭大运河黄河以北段复航的关键所在。2009年，年需水量7亿立方米以上的天津市出现供水危机，其主要水源——滦河、潘家口水库水量严重不足，预计2010年将缺水3.7亿立方米。为确保天津城市供水安全，国务院决定在南水北调中线通水前开辟引黄济津新线路，于2010年实施引黄济津应急调水。南运河是连接德州、天津的唯一河道，也是引黄济津输水的必经之路。如何让黄河水“跨”过减河、岔河，顺利进入南运河，成为一个难题。经过多次踏勘，最终确定：扩挖改造头屯干渠，东线垫高，西线挖浅，实现水的自流，潘庄引黄干渠引水入马颊河后，通过旧城河、头屯干渠双线供水入六五河，在牛角峪闸上、六五河左堤新建“倒虹吸”涵洞。

当河道与道路高低接近、处于平面时，需要修一处建筑物，利用高差、压强，使水从路面或河沟下穿过，此建筑物通常被称为倒虹吸。它是一种经过山谷、河流、洼地、道路和其他渠道的压力输水管道。与虹吸管一样，它在立面上也呈弓形，不同之处在于其弓弯向下（地下U形管）。倒虹吸在开始工作时不需人为地制造管中的真空，因而更为普及。新建的倒虹吸起点位于六五河左堤牛角峪闸上游200米，一次性穿越利民河、利民河东支、利民河北支、减河、岔河5条河道，至岔河左堤外，再通过新开挖366米明渠，连接南运河，形成一座“水上立交”，全长1229米，可以并行6部中巴车。这是德州史上规模最大的“倒虹吸”工程。

另外，减河也体现了运河智慧。减河常有人把它写成“碱河”，以为是灌溉、冲刷、改造盐碱地的河渠。其实为了让南北水道畅通，人们切断了很多横向的河流，导致水量汇集。而所谓的减河，就是为了将汇聚的水量排出去而挖掘的支流，再由减水闸控制，让水入海。南北运河上有许多减河和减水闸，这也是大运河京津冀段和南方不同的特点之一。

大运河申遗完成之后，国家提出建设大运河国家文化公园，当时就设想能不能将南运河通水，实现全段通水。这个问题论证了很久，因为要考虑水量从哪里来，计算水量能否满足要求。如今，古代的工程智慧和科学智慧使京杭大运河百年来迎来了重生，千年运河再次复苏，润泽齐鲁大地和华北平原。两岸民众借助运河发展旅游，两岸玉米地、棉花地借运河水进行灌溉。是否有一天我们可以坐船沿大运河一直走，走累了上岸吃当地美食，欣赏各地风景？这是一个很美好的想法。未来，实现大运河全线的良性旅游开发，是我所希望的。

原生态的运河风貌

时间：2022 年 10 月 10 日上午
地点：九龙湾码头、三道弯

大运河申遗时，我是不赞成因为申遗而让大运河恢复通航的。当时我们在大运河沿线考察，水生态损害、水环境污染等问题都十分突出。那时候河北、山东等地运河污染严重，甚至对南水北调东线工程造成了困扰，江苏、浙江部分运河河段也污染严重。在此情况下，一旦大运河完全通航，结果就是全流域污染，这对沿河地区的环境破坏可想而知。

我们坐竹筏沿运河漂流，看到运河水越来越清，河流恢复了生态美；运河两岸的农田重新绿了起来，生命般的绿色使德州大地充满生机。大运河申遗文本总撰稿人张谨和周韵决定沿运河小道来一场骑行，感受如今德州大运河的风貌。

进入德州市区，要经过三个弯，“三道弯”因此得名。沿着运河小道骑行到第一弯，就能看到大运河了。大运河因多种原因曾多次改变线路，可在黄河以北只有德州段的部分河道基本没变，因此今天只有德州北段（北厂街附近）的运河，可称其为千年的“隋运河”。这里保存着原真性的人工弯道，以及自然生态、形态，而这也正是德州大运河的独特性所在。沿运河小道一路骑行，两岸农田一派丰收的景象，充满野趣，运河水质清澈，景观美不胜收。

周韵沿运河小道骑行

在大运河通州段，有两个极具特色的城市公园——城市绿心森林公园和大运河森林公园。城市绿心森林公园以生态保育为核心，运用近自然的生态修复方式，解决原北京东方化工厂的生态问题。通过生态系统的运转对雨水进行传输和汇集，可以实现 90% 以上年径流总量控制率要求，将 91.7% 的雨水就地消纳和利用。这也是北京市最严格的排水防涝标

| 大运河德州段（遗产地供图）

准示范性项目，可以实现“50 年雨水不外排”。大运河森林公园总建设面积 7.13 平方千米，围绕游览需要构建了“一河、两岸、六园、十八景”。公园内植物茂盛，三时有花，四季有景，成为民众休闲生活的好去处。

这些年，德州大运河线路的开发在总体规划下，加强主要功能区块、主要景观、主要建筑物的设计，体现城市精神、城市特色、城市魅力。德州坚持实行运河两岸留白“不开发区”，坚持运河两岸土地不做商业开发，并累计投入 30 多亿元，高标准实施生态修复，努力实现高质量发展。建设德州大运河生态林场及湿地，是运河沿岸实施生态修复战略的关键一步。大运河生态林场项目为“两带三区”，“两带”即运河生态林带和西陈沟生态林带，“三区”是西南垃圾处理企业隔离林区、中部企业降尘林区和西北防风林区。

同时，重点打造西陈沟湿地、东八里湿地。占地约200万平方米的大运河生态林场，种植刺槐、国槐等约50个树种，成为鲁冀边界生态涵养区，也是一道生态屏障，消解对冲工业企业对主城区环境的影响。大运河生态林场项目、运河两岸绿化项目生态修复成效初显，布谷、伯劳、杓鹬等稀有鸟类陆续在运河河畔栖息。西陈沟湿地变成了生态花园，东八里湿地变身为森林公园，为市民增添了两个运动休闲游玩好去处。

2022年，德州又启动了“一廊六片”大运河文化景观带建设。“一廊”即运河遗产生态景观廊道项目；“六片”即北厂漕仓遗址片区、东盟国际文化交流示范园片区、小锅市运河聚落片区、滨水商业片区、九龙湾文旅融合园片区、四女寺风景旅游区片区。未来的德州，将以“复兴运河景观、打造文化名片”的精准定位，以建设绿树成荫的生态廊道等充分展现德州老城新形象。

大运河申遗时，济宁以北的段落由于功能减弱，有些甚至深埋地下，无法辨认，加之北方地区水资源缺乏、风沙雾霾严重，城镇乡村建筑形态、植被条件不佳，部分地区的遗产环境不尽如人意。那时候我们惊讶于生活设施的简陋与生活环境的恶劣，痛心不已。大运河历史上造就了两岸的繁荣，而在它断流之后就是这样的情形吗？

同时，大运河不同于以往的世界遗产，它漫长的路线上遍布自古以来的人口稠密地区，它所途经的成千上万个村庄、滋养的1亿多人口，使它成为利益相关者最多的遗产。曾经见过往来白帆，也听过运河号子的德州大运河沿岸百姓，曾有过一种痛：不知何时，小时候嬉戏玩耍的水就变成了“臭水沟”“泥洼地”？因此有很多人搬离了运河边，热闹的运河变得孤寂。

"万里少年团"和王和平一家合影

我们拜访了王和平，他从小就住在四女寺运河边，对大运河充满感情。20 世纪 90 年代大运河断流发臭，他一次次写信，盼望河道问题能得到治理，同时也不断用自己的行动影响着后辈。他一共搬了三次家，每次都和河道拓宽、疏浚和治理有关。最终第三次搬家时，他选择搬回运河边，在他心里，只有搬到河边，才有了回家的那种脚踏实地之感，他将大运河称为自己的生命之河。

我问住在运河边的居民们，对大运河未来有什么畅想？有人希望运河变成原来的样子，运河水能喝，能畅游；有人希望运河越来越宽，水越来越清，成为亦如古时的繁荣码头；小朋友希望运河边建游乐场，在家门口玩耍……

很多人可能不理解，在如今水路交通发达的背景下，为什么要花巨大的财力实现大运河全线通水，保护大运河原生性的意义是什么？我想，王和平多年来保护大运河的行动，以及村民们对大运河的畅想就是最好的回答。周韵在德州探访开始前，同样不理解，但两天的行程结束后，她完全改变了想法。

从古至今，大运河滋养着沿线民众，留下了生活的记忆和丰富的遗存。如今，在政府和民众的努力下，伴随着申遗成功，大运河水越来越清，河流逐渐恢复原生态的风貌。曾经搬离的人们再次回到运河边，运河重新融入人们的生活。水是生命的象征，大运河就是生命线，生命线通水了，沿岸民众就一定会有美好的未来。同时，很多东西一直在变，我们只有把不变的保护下来，未来不论多少年后，我们的子孙都能寻到过去的根，这就是遗产保护的本质。

大运河是德州的文脉

时间：2022 年 10 月 10 日下午
地点：北营村

大运河不仅打通了南北漕粮运输、商贸往来，还造就了运河美食。一旦大运河沿线的某个城市有了风味较佳的美食，就会借大运河的便利而迅速传遍全国，成为全国闻名的名吃。比如德州扒鸡就随漕运的繁忙而传遍全国，成为名小吃。

关于德州扒鸡的来历，许多人都大致了解：元末明初，大运河取道德州，这里迅速繁荣起来，小伙计们经常出现在运河码头、水旱驿站挎篮叫卖烧鸡。清康熙三十一年（1692 年），有一位开在运河码头旁边的烧鸡店老板贾建才，他的伙计因睡着没有及时关火，而把烧鸡炖烂了，哪知歪打正着，这种鸡反而特别受欢迎，于是扒鸡就产生了。贾老板无意间“研制”成功特制烧鸡，其特色在于大

德州扒鸡（遗产地供图）

火煮，再小火焖，直到骨肉酥软为止。贾老板为标新立异，委托一位姓马的秀才朋友起个响亮的名头，这位马秀才脑洞大开，命名为“五香脱骨扒鸡”，从此德州扒鸡开始大受欢迎。到了民国，虽然大运河已经不再像以前那么繁盛，但津浦铁路和石德铁路正好在德州交汇，这又给了德州扒鸡新的兴盛机会。现代作家、翻译家梁实秋在《雅舍谈吃·锅烧鸡》一文中追忆道：“坐平浦火车路过德州的时候，可以听到好多老幼妇孺扯着嗓子大叫：‘烧鸡！烧鸡！’旅客伸手窗外就可以购买。早先大约一圆可买三只，烧得焦黄油亮，劈开来吃，咸滋滋的，挺好吃。”

我们从抓鸡开始，真正体验了德州扒鸡的制作。“扒”是鲁菜主要代表烹调技法之一，一般要经过两种以上方式的加热处理。德州扒鸡借鉴扒肘、扒牛肉的烹制工艺，以扒为主。大火煮，小火焖，火候要先武后文，武文有序。

德州扒鸡制作讲究品种，华北雏鸡、乌鸡、散养笨鸡，做出来的口感味道、功效完全不同。制作德州扒鸡，还要“拗造型”。德州扒鸡有一个独特的姿势——“口衔羽翎，鸭浮水面”，就是把鸡腿折弯后塞进肚子，翅膀绕过脖子从嘴里戳出来。这样可以牢牢固定住鸡腿、鸡翅和鸡脖子，在焖煮后不散落，而骨头已经和肉分离。然后用蜂蜜上色，以“黄中透红，色若琥珀”为标准。上色完成后，入锅炸。炸出颜色之后开始文武火炖。德州扒鸡制作需要十几种调料，老汤更是各家制作的绝活。这一道道工序完成后，骨肉分离、入口即化的德州扒鸡就制作完成了。

大运河兴盛时期，小伙计们挎着篮子在运河边叫卖，德州扒鸡随着跑船的商人流通到沿岸城市。今天的德州位于京沪铁路与石德铁路的交汇处，德州扒鸡依旧受到南来北往旅客的青睐。当火车在德州火车站停靠，虽然只有两三分钟，但很多旅客还是会下车买德州扒鸡，或作为旅途食物，或送给亲朋。德州扒鸡作为大运河文化记忆，再次进入千家万户。

明清卫运河段沿袭了元代河道，而毗邻德州城的南运河河道先后西移四次。第一次西迁因“洪武三十年（1397 年）截河湾而筑城”，对德州影响深远。当时发大水，冲毁了简易的德州土城，为彻底解决卫兵居住事宜，卫都督张文杰、指挥徐福开始建设新的德州城。当时建城的砖除了来自被运河水冲垮的城垣外，主要是城南 10 千米左右沿运河的黄河故道官办砖窑，当年烧砖的窑场和匠人们吃饭的伙房，便是如今德城区黄河涯镇的“窑上”“伙房”“齐庄”等自然村的由来。

德州市城北的北营村有一座苏禄王墓，这是我国现存的两座外国君主陵墓之一（另一座是位于南京的浡泥国王墓），也是中国唯一的驻有外国王室后裔守陵村落的异邦王陵。明永乐十五年（1417 年）秋，苏禄国东王巴都葛叭答喇率领 340 多人的庞大使团来中国

北营村围绕苏禄王墓修建（遗产地供图）

访问，这是他们在郑和下西洋之后的回访。他们从泉州登陆，北走一段之后就开始沿着大运河北上。使团在北京受到明成祖朱棣的亲切接见。归途中，经过德州时苏禄王病重去世，葬在这里。明成祖遣使者吊唁慰问，以中国王爷的规格予以安葬，赠谥号“恭定王”，并亲撰碑文，令东王长子率众回国继承王位，王妃及次子、三子等留下守陵。苏禄王的这些亲眷从此就在德州定居，繁衍生息，在其聚居地形成了一个村子——北营村。

北营村围着中间的苏禄王墓而建，形成一个独特的少数民族村落。村民多为从明代开始的守陵人的后代，可以说每个村民都算是“皇族后裔”。苏禄王葬在德州是中菲友谊的见证，说明大运河在明清时期已经成为国际的名片。在这之后几百年里，这条路线一直是历代中国皇帝安排外宾参观浏览的标准线路。后来苏禄王的后人也回到了菲律宾，这样来来回回无形中拉动了中外的友好往来。在古代的每一次交往中都要走大运河，赋予德州这个运河城市另一个属性——既有运河原生人家，也有一个独特的群体，他们和德州一起成为大运河的国际名片。

中国历史上，黄河经历了多次改道。公元前 602 年的宿胥口决口是黄河第一次有文字记载的改道，此后黄河流经德州夏津县 600 多年，直到公元 11 年，第二次改道后才离开夏津，在华北平原上留下了罕见的沙丘地貌，也孕育了独特的桑树品种。夏津古桑树树干粗矮，叶片宽大，根系可以到达地下五六米深，起到很好的防风固沙、保持水土的作用。2018 年，夏津县古桑树群在第五次全球重要农业文化遗产国际论坛上，被确定为全球重要农业文化遗产。

古桑树园内有 1000 多株古桑树，这些古树的产权属于本地村民，由园区统一管理。每年五六月份，这里会举办椹果节，游客每人 50 元门票就可以随意品尝椹果，收入补贴给村民。这样的模式既保证了统一管理，也能帮助村民更好地经营椹果。有些古桑树每年还能有约 500 千克产量，但之前交通不便，无法及时运输，无法很好地实现经济效益。景区和椹果节的设立，让椹果基本在园区内就能被直接消费掉，剩余的椹果还可以用来制作果干、桑叶茶等周边产品，一家农户每年至少能从古桑树中获得近 10 万的利润。而全球重要农业文化遗产的评定标准之一也包括经济可行性和效益最大化。

德州是因运河而生、因运河而兴的城市，德州的传统业态也是以航运和水力为核心的，而且大运河塑造了德州人的传统生活和精神文化，所以大运河就是德州的文脉。大运河被列入世界遗产的标准主要集中在工程技术、漕运系统、水路运输带来的沟通和交流、大一统国家观念这四个方面。在德州，这些价值就蕴含在大运河德州段沿线分布的物质遗产、自然生态、运河景观和传统之中。只有更好地挖掘和认识大运河遗产的价值，传承大运河文脉，保护大运河遗产，德州城市文化发展才不会断裂，人们生活才会走向更好的未来。

德州的世遗色是“翠涛”，即大运河清澈的颜色。“汇两江之盈盈，翠波沁长汀。”从人工开凿的第一条运河起，大运河便开始滋养、孕育两岸的百姓。它纵贯南北，连通海河、黄河、淮河、长江、钱塘江五大水系，串联起沿线 30 多座城市，让千年文脉奔流不息。如今，大运河已经完成了黄金水道的使命，但依然滋养着两岸的土地，见证着百年历史和新时代的巨变，所以今天我们所有人都需要保护好大运河的世遗色。

第五站
醴陵陶瓷工业遗产

遗产地档案

遗产名称	醴陵陶瓷工业遗产
遗产位置	湖南省醴陵市
遗产种类	文化遗产
世遗色	五彩

#fedc52

#6aa3d2

#dd472b

#246f64

#171a25

千年古邑，陶瓷之都

时间：2022 年 10 月 26 日上午
地点：陶瓷谷、沩山古窑址

中国有三大瓷都：福建德化、江西景德镇、湖南醴陵。在《万里走单骑·辛丑季》中，我曾讲述过景德镇“匠从八方来，器成天下走”。这一次我们来到醴陵。醴陵陶瓷生产历史已有 2000 余年，是世界釉下五彩瓷原产地和中国“国瓷”“红官窑”所在地，2020 年 9 月被授牌“中国陶瓷之都”。

《说文解字·酉部》释“醴”：“酒一宿孰（熟）也。从酉，豊声。”一夜就可以制成的酒，就是指用米饭发酵酿制而成的甜酒。后来也用来形容甘甜，如著名的《九成宫醴泉铭》。醴陵，顾名思义，土沃水甜，是而有醴，丘冈连绵，是而为陵。现在全国的城市里，用“醴”字命名的，只有醴陵，所以《辞源》中对“醴”字也特设了一条解释：指湖南省醴陵市。

醴陵之名早于秦始，东汉置县，千余年未改其名。醴陵文化底蕴深厚，南朝文学家江淹曾封醴陵侯，朱熹、王守仁、左宗棠曾在渌江书院传经布道。醴陵也被誉为“民国将军县”，先后走出了李立三、左权、耿飚、宋时轮、蔡申熙、程潜、陈明仁等一大批仁人志士和近 300 位国共两党将军。毛主席曾以醴陵为重点，写出《湖南农民运动考察报告》。

我和醴陵陶瓷的初次相遇是 2012 年刚到故宫博物院工作时，“湖南醴陵釉下五彩瓷珍品展”正式在故宫博物院斋宫、诚肃殿展厅

沩山古窑全貌

展出，持续两个月。故宫藏品众多，当时展示空间不足，因此特意准备两个展厅展出的醴陵瓷让我印象深刻。展览分为 4 个部分——“千年窑火”“横空出世”“当代国瓷”“文化新瓷”，揭示了醴陵陶瓷发展的历史。

然而在这一趟探访之前，“万里少年团”其他成员都没有听说过醴陵这个地方。究其原因，我认为有两点：一方面，我们保护历史悠久的遗产更多些，工业遗产作为一种新型遗产往往容易被忽视；另一方面，醴陵陶瓷就是我们生活的一部分，例如水杯、饭碗，因司空见惯也容易被人忽视。

“全世界每 4 个陶瓷杯子中，就有 1 个产于醴陵。”然而醴陵不为人所广知，令人惋惜，因此我们走进醴陵，想把醴陵的故事讲给更多人听。

我们首先来到沩山古窑，这是醴陵著名的窑址之一。沩山是罗霄山脉中段西沿的小山，海拔 400 余米，有储量极丰的高岭土。

沩山古窑出土瓷器（遗产地供图）

沩山的田少得可怜，沩山村的人口约 3000 人，耕地人均不过一分。1950 年前后，沩山作为“工业区”，人口有 2 万多，养活那 2 万多人口靠的不是地里生长的稻谷，而是用高岭土做的陶瓷。除了瓷土，沩山还有水，以及烧不完的松木，这为沩山窑的兴旺提供了物质条件。

沩山古窑展现了醴陵“千年窑火”的盛况。沩山窑最早可以追溯到东汉。到了唐代，作为长沙窑的“代加工厂”开始兴盛。此后，历经宋、元、明，到清光绪年间达到鼎盛。晚明至清早期，沩山烧制土瓷，产品以碗为大宗。清中期以后类别逐渐增多，有盏、杯、油灯、烛台、罐、汤匙等日常生活用品，装饰纹样有灵芝纹、变形龙纹、山水纹等。到清光绪十八年（1892 年）、十九年（1893 年），沩山窑瓷器产量达到高峰，共有窑户 480 余家，年产量约 8000 万件。1956 年公私合营后，为交通方便，沩山村的主要窑厂全都搬至醴陵城区，青壮窑工和技师也同时迁去了城里的国营大厂。20 世纪 90 年代中期，沩山瓷业生产全部关闭。沩山村现存宋至清代古窑址

100 余座，与窑相关的瓷泥矿井、瓷器运输古道、生活设施、庙宇古塔等文物古迹 100 余处，堪称“千年古窑村”。

醴陵瓷在发展过程中有 3 个高峰期。20 世纪初叶，民族工业艰难发展，中华民国北洋政府总理熊希龄鉴于两个世纪以来粗瓷生产的落后状况，同时也是为了抵制洋瓷的侵入、振兴湖南瓷业，于是与醴陵县人文俊铎提出了“立学堂、设公司”的创想，在醴陵创办了中国历史上第一所陶瓷专门学校——湖南官立瓷业学堂和中国近现代第一家瓷业公司——湖南瓷业制造总公司。

此前，醴陵瓷器用单一的氧化钴作彩饰原料，手工描绘粗犷花草图案后，施釉覆盖，烧成釉下青花瓷。光绪三十三年（1907 年）至光绪三十四年（1908 年），湖南官立瓷业学堂创制 5 种高火性釉下颜料，为醴陵生产陶瓷装饰材料之始，也是国内外釉下装饰颜料的首创。在传统青花装饰的基础上，生产出釉下五彩瓷，成为醴陵特色。宣统元年（1909 年）到宣统三年（1911 年），醴陵釉下五彩瓷分别参展武汉劝业会、南洋劝业会和意大利都朗博览会，连续获得金牌奖。

1915 年，醴陵瓷器参加了在美国旧金山举行的巴拿马太平洋万国博览会，参展的釉下五彩扁豆双禽瓷瓶和贵州茅台酒同获最高荣誉，为中国赢回了两枚金牌奖章。扁豆双禽瓷瓶是宣统三年湖南瓷业制造总公司的经典之作。瓶高 46.8 厘米，撇口直径 20 厘米，瓶体洁白如玉，造型宛如凤尾，线条流畅，其釉面晶莹润泽，色彩沉稳典雅，花色构图生动自然，被国外舆论誉为“东方陶瓷艺术的高峰”。自此，醴陵瓷器举世闻名，采购客商络绎不绝，一批私营细瓷制造公司相继兴建，当时的盛况大有与景德镇并驾齐驱之势。

釉下五彩瓷在经历了短短的一二十年发展期后，因受多次战争

| 釉下五彩扁豆双禽瓷瓶（遗产地供图）

影响，至 20 世纪 20 年代末开始生产下滑，醴陵百余家瓷厂停产，最早生产釉下五彩瓷的湖南瓷业制造总公司也于 1930 年倒闭，釉下五彩瓷生产中断。

中华人民共和国成立后，百废待兴。在国家的关心与支持下，湖南醴陵、江西景德镇、江苏宜兴三地开始着手中国陶瓷“历史名窑”的恢复发展工作。此后，湖南陶瓷研究所、醴陵瓷器公司艺术瓷厂先后成立，成为专门从事釉下彩装饰研究和生产的单位。在此期间，醴陵瓷业很快实现了由手工到机械、由柴窑到煤窑的转变，新材料、新技术、新工艺、新产品层出不穷，釉下五彩瓷重放异彩。1959 年，为庆祝中华人民共和国成立 10 周年，在醴陵定制一批生活用瓷，醴陵瓷获得“国瓷”美誉。

20 世纪七八十年代我国为外国元首定制礼品，醴陵瓷被选为“国礼”，例如 1978 年赠日本裕仁天皇制作的文具，1986 年赠英国首相撒切尔夫人的鸳鸯戏水彩盘，以及赠送给英国女王伊丽莎白二

醴陵烧制的国瓷（遗产地供图）

世的鹅塘月夜挂盘。之后，醴陵制作了 1998 年赠送给美国总统克林顿的红山茶花咖啡具，苏丹友谊厅宴会用瓷，2008 年北京奥运会使用的所有瓷器都是醴陵生产的。国家宴会用瓷、国家礼品瓷、国家陈设瓷展示了醴陵釉下五彩瓷“当代国瓷”的地位和取得的辉煌成就。

醴陵瓷，新生于民族危难时刻，起飞于中华人民共和国成立之后，与国家发展同步，与城市发展同步。如今，醴陵陶瓷产品涵盖日用瓷、电瓷、工艺瓷、建筑瓷、新型陶瓷 5 大系列 4000 多个品种，形成了以日用陶瓷、电瓷、釉下五彩艺术瓷生产为核心，集装备制造、新材料研发、陶瓷物流等配套产业于一体的产业链，产品畅销美国、欧洲、日本、中东和南美等 150 多个国家和地区。2007 年，以釉下五彩瓷为代表的“醴陵瓷器”获国家地理标志产品保护；2008 年，“醴陵釉下五彩瓷烧制技艺”被列入国家级非物质文化遗产代表性项目名录。

从工业化走向城市化

时间：2022 年 10 月 26 日下午
地点：群力瓷厂旧址

在群力瓷厂门口，我们看到了“红官窑”的牌子，展示着这块旧址曾经的历史。世遗向导刘建伟老师带我们一起探访这座曾经创造了辉煌的瓷器厂。刘建伟老师从小在群力厂长大，父母是群力建厂时就在的老职工，然后自己也入厂工作，一直负责安全保卫工作 30 多年。

群力瓷厂位于醴陵城北凤凰山下，占地面积近 8 万平方米，前身是“醴陵瓷器公司艺术瓷厂”。1958 年党中央国务院拨款创建醴陵瓷器公司艺术瓷厂，从陶瓷研究所和瓷业公司所属各厂选调优秀技术工人 100 多人，专门生产釉下五彩瓷。群力瓷厂旧址也正是熊希龄和文俊铎创办的湖南瓷业制造总公司所在地。可以说群力瓷厂，是瓷都人心中的一面旗。

群力瓷厂产品选用优质原料、矿物质研制的色料，彩饰于胎釉之间，经 1380℃左右的高温烧制，具有很高的洁白度、透明度和釉面硬度，产品造型优美、高贵典雅；画面色彩绚丽，栩栩如生。同时，用料不含铅、镉等有害物质，耐酸碱，花面永不褪色，是绿色环保的理想瓷器。群力瓷厂生产的产品远销东南亚、澳大利亚、日本、中国香港、非洲、英国、美国等多个国家和地区，更是中外高级宾馆酒楼行家之选，被北京饭店、贵宾楼饭店、西郊宾馆以及广州的中国大酒店、白天鹅宾馆、东方宾馆等 400 多家高级宾馆选用。

| 群力瓷厂（遗产地供图）

1959 年，群力瓷厂为北京十大建筑中的北京军事博物馆、民族文化宫、工人体育馆和人民大会堂湖南厅休息室生产釉下彩瓷。自从 1964 年为人民大会堂生产国宴餐具以来，群力瓷厂先后为中南海、天安门城楼、钓鱼台国宾馆、联合国大厦生产了专用瓷和国家领导人出访的高级礼品瓷。

1971 年，我国成功恢复联合国合法席位，群力瓷厂担负了生产联合国用瓷的任务，梅竹画面釉下茶具象征着中华民族的气节与胜利英姿。1977 年，群力瓷厂为毛主席纪念堂制作的 10 余个直径为 60 厘米的蓝芙蓉大花缸，首创了大花缸整体成型（较高的水缸多由上下两部分合成）的新工艺，每个大花缸用不同的颜料分水（见后文）1000 多笔，以迎着朝阳盛开的芙蓉花为主题，象征着芙蓉国里尽朝晖；试制成功高达 2.23 米、最大直径为 0.58 米、重 90 千克的釉下彩满花开窗松鹤莲子大花瓶，这不但成为群力瓷厂创历史水平的新产品，在全国也是绝无仅有的。

我们走进群力瓷厂，红砖墙、黑瓦片、青苔路、密密麻麻的素烧胚、随意摆放的手推车……仿佛穿越到了 20 世纪。厂房里富有年代感的电气设备、机器保存完好，没有一点生锈的痕迹；原料仓库、制泥车间、成型车间、彩绘车间、花纸车间、窑炉车间、检验包装车间、成品仓库、五金车间、铁路运输专线遗址和办公楼等建筑都被保留下来；制作一个醴陵杯子需要旋胚、烘干、脱模、施釉等工序，每一个工序上也都保留着当时正在制作的瓷器。依稀可以感受到历史的痕迹，和那几代人付出的青春和热血。

我们来到窑炉车间，映入眼帘的是一节连着一节仿佛火车车厢般的隧道窑。这里是瓷具生产的最后一道工序，厂里几乎所有的瓷具都是在这里烧制完成的。走到隧道窑尽头，墙上挂着一个老式日历，时间停留在 2011 年 5 月 17 日，这是群力瓷厂停产的日子，时间仿佛冻结在这一刻。

老式日历，时间停留在群力瓷厂停产当天（遗产地供图）

我曾经也是一名工人，1970 年年底，我从农村回北京，被分配到北京北郊沙河的北京无线电器件厂，在设备动力科，当上了机修钳工。所以今天探访完群力瓷厂之后，重拾了很多作为工人的回忆。当时作为工人充满自豪，下班都舍不得脱工作服，我相信群力瓷厂的工人也都充满了自豪。但是前几年我回到曾经工作过 8 年的工厂，整个工厂因房地产开发而被夷为平地，只留下一棵大树。

根据《醴陵陶瓷志（1729—1988）》记载，醴陵城区内曾有12家规模较大的陶瓷企业——国光瓷厂、星火瓷厂、群力瓷厂、永胜瓷厂、力生瓷厂、渌江电瓷厂、陶瓷研究所、陶瓷机械厂、醴陵电瓷厂、石膏粉厂、彩釉砖厂、全胜瓷厂。如今石膏粉厂、彩釉砖厂、全胜瓷厂遗迹已经消失，剩余9家瓷厂遗址。

群力瓷厂中形形色色的模具，有的生产过人民大会堂用瓷，有的生产过大名鼎鼎的“毛瓷”，有的只生产过寻常百姓家日用的粗瓷。但是如今，它们都被“搁置”。工业遗产其实也和醴陵瓷一样，当年就是我们生活日常的一部分，所以会让很多人忽略了它的存在。以前人们普遍认为，工业场所只是生产加工和劳动就业的地方，难以想象它们应作为文化遗产而被列入保护。也许面对一块块冰冷生锈的钢板、破败废弃的厂房，有些人甚至会觉得这代表着过时和落伍。但其实，工业遗产既代表了历史，又指向着未来；既凝结着国家记忆，又展望着地区振兴。醴陵瓷就是最好的诠释。而这也正是保护与传承工业遗产的意义所在。

群力瓷厂中设有医院、子弟学校、篮球场、礼堂、澡堂、食堂，一应俱全。群力瓷厂是工厂，同时也是人们生活的社区。从老厂房到生产资料，我们可以探寻到工业遗产中的物质文化遗产和非物质文化遗产。非物质文化遗产包括历史、生产技艺、艺术审美、工业精神等，而工业精神又是工业遗产的核心价值。这种无形的工业精神，能够满足工业文化可持续发展的需求。

早在19世纪末期，在工业革命的诞生地英国，工业遗产保护运动就已经兴起。2003年7月，在俄罗斯召开的国际工业遗产保护委员会大会通过了专用于保护工业遗产的《下塔吉尔宪章》，明确了工业遗产的定义，指出了工业遗产的价值。此后，工业遗产的

| 群力瓷厂工人下班图（遗产地供图）

内涵、价值和保护意义被不断发掘，工业遗产保护的理念和方法也日渐成熟。

在我国，自 19 世纪后半叶洋务运动以来，特别是中华人民共和国成立之后的不同历史时期，都留下了宝贵的工业遗产。这些工业遗产集中分布在老工业城市，不仅见证了我国近现代工业化不同寻常的发展历程，也蕴藏着丰富的历史文化价值，是社会主义先进文化的典型代表。2006 年 4 月，我国诞生了首部关于工业遗产保护的共识文件《无锡建议》，工业遗产保护问题被提上议程。

一方面，工业遗产记录了城市的发展轨迹，是城市文化的历史见证；另一方面，伴随着城市化步伐的加快，工业遗产的保护也面临着现实困境。对工业遗产保护的认识需要一个过程，只有让人们感受到工业遗产在现实生活中存在的意义，才能使这项工作逐渐得到社会民众的理解和支持，从而让民众成为保护工业遗产的主要力

| 群力瓷厂原状保留的陶瓷半成品（遗产地供图）

量。工业遗产的保护性再利用，重点在“再利用”，必须在充分调查研究基础上，遵循不改变原状的原则，让工业遗产从工业化向城市化转变。

近两年，工业旅游、工业研学发展起来。首都钢铁公司被建设成为工业遗址公园，每天接待数万人，成为每日游览人数超过故宫的旅游地。2022 年冬奥会，部分比赛项目在这里举办，现代化的滑雪大跳台和曾经的炼钢高炉相映生辉。我认为醴陵也可以建设工业遗址公园，公园不一定都是绿地，也可以是一种公共活动的空间。

醴陵这座城市留下了丰富的工业遗产给后来人继承与发扬。其实，很多城市里的年轻人，都是工业遗产的传承者和受益者。可惜的是，我们现在很多人并不了解所在城市的发展史、工业史，因为身边工业文明的见证物正在快速消失，他们感受不到工业产品是如何设计和生产出来的。在醴陵这片土地上，现有陶瓷产业上下游企业共1500多家，年产值超740亿元，从业人员近20万人，老瓷厂的保护也就具有特殊意义。现在，群力瓷厂能被保留下来，所有物品原状陈列，我们一定要珍惜。

将“五彩”绘成“斑斓”

时间：2022年10月27日上午
地点：陶润生产车间、黄小玲工作室

我认为醴陵是人、工业遗产、城市的结合，而人又是其中关键的一环。群力瓷厂的厂房是由创立之初的100多人一砖一瓦建造的。群力瓷厂是工业遗产中资产保全的典范，这其中很重要的因素就是这里留守的都是刘建伟老师这样的“瓷二代”，大家都珍惜父辈打拼的成果。

当群力瓷厂结束历史使命后，工业遗产中的人值得关注。群力瓷厂于1996年宣布破产，1997年由国光集团接管，2011年停产，当时700多职工全部下岗。老瓷厂虽然关停了，但这些老瓷厂培养出来的陶瓷人，依然在用自己的方式，在醴陵瓷的土壤里深耕。其中文家在醴陵算得上是陶瓷世家，自文俊铎与熊希龄创办瓷业学堂、实业救国后，文家后人文运香先后担任国营瓷厂群力、永胜瓷厂的厂长，其爱人段福真曾到湖南电力电瓷电器厂任厂长，儿子和孙子接力传承创办的民营企业成为醴陵陶瓷行业和当地经济的中流砥柱。

我和唐九洲拜访了文家后人文礼老师，他带我们参观了现代化的流水线车间。车间内智能生产设备高速运转，一个个圆形、异形

自动旋坯生产线（遗产地供图）

的精致碗盘接连下线……这里的智能化生产线和群力瓷厂废弃的生产线形成强烈对比。智能化改造不仅带来生产效率的大幅提升，还有效解决陶瓷制品易变形的难题；一台设备一小时至少可生产600件产品，使用手机扫描货架上张贴的二维码，还可以立即知道产品的出品名、生产批次、数量等信息，全流程管理。

醴陵曾广为流传一句顺口溜：“天上黑龙，地上黄龙。”“黑龙”指的是窑炉里冒出的黑烟，“黄龙”指的是制瓷厂里流出的泥水。早期陶瓷产业发展给当地生态环境带来污染，产业转型升级迫在眉睫。如今，陶润生产车间生产的炻瓷是一种环保瓷，摔碎了埋到土里可以慢慢风化；群力瓷厂使用的是隧道窑，这里使用的是滚道窑，滚道窑对单位燃气的利用效率更高，使烧制过程更加科学。

2020年以来，醴陵已有近100家陶瓷生产企业累计投入近4亿元进行了自动化、智能化升级改造，引进安装近1100台（套）自动化、智能化生产装备。早期烧窑产生的环境污染问题也在产业转型中得到解决，如今的醴陵，是省级文明城市、“全国百座宜居宜业魅力县城”，“天上黑龙，地上黄龙”变为碧水蓝天，一年当中有300余天空气质量良好。

黄小玲老师是醴陵陶瓷界第一位全国人大代表，同时也是在群力瓷厂长大的，她的爷爷之前是沩山古窑的工人。黄小玲老师代表的是醴陵瓷发展的另一面——延续纯手工制作。釉下五彩工艺是醴陵瓷的代表作，突破了釉下单彩的传统技艺。传统五彩指玛瑙、褐、红、黑、草青5种原色料。醴陵釉下五彩瓷通常采用“三烧制”，即先以800℃低温烧成素胎，然后进行彩绘，为使画面上的墨线及色料中的有机物和杂质等挥发，再同样煅烧一次，最后罩透明釉经高温烧成。釉下五彩瓷图案画工精美，而且在釉层的覆盖下永不褪色，日用品在使用时还减少了彩料中铅的毒害。因此，釉下五彩一经问世，就受到国内外的广泛欢迎。

醴陵釉下五彩瓷有几十道工序，却有一个很奇怪的现象：全部非遗传承人都来自“彩绘”这一个工序。这是因为，醴陵瓷其他工序，例如炼泥、拉坯、烧制都与全国其他地方大同小异，唯有釉下五彩才是醴陵瓷安身立命的绝技。因而，彩绘决定着釉下五彩的成败。醴陵釉下五彩瓷精品都是由手工施彩，施彩又分为彩绘和分水两种。彩绘，就是通过画笔用勾、皴、擦、点、染的方法在素坯上施彩，也就是以素胎为纸绘水彩画；而分水，则是先用油墨在素胎上勾勒好线条，然后在墨线框内滴入含有大量水分的颜料。同时，陶瓷匠人对颜料厚薄的控制，让釉下五彩瓷层次分明，为釉下五彩瓷注入以形表意的灵魂。

如今，釉下五彩颜料已经由最开始的5种发展到300多种，加上复合彩有1000多种，几乎涵盖所有色系。我们这一趟旅程的世

| 分水工艺（遗产地供图）

遗色卡是黄小玲老师用釉下五彩瓷片做出的，釉下五彩是最能代表醴陵的世遗色。随着发展，醴陵的色彩也从“五彩”变成“斑斓”。很多醴陵走出去的年轻人，只要家里从事陶瓷事业的，最后兜兜转转都会回到醴陵，因为醴陵瓷有它独特的吸引力，这不仅是一种文化传承，更是一种自信和骄傲。

醴陵陶瓷的腾飞，需要每一位醴陵人尽一份力量，而陶瓷工作者是当仁不让的先锋，但是这些大师除了业内人士外少有人知。黄小玲老师的女儿就作为醴陵几十位陶瓷工艺大师的经纪人，让醴陵人知道醴陵有几十个大师，让普通民众知道他们的姓名、作品和荣誉，真正地把陶瓷文化根植在每个醴陵人的心中。黄刚，1986 年出生，如今是醴陵陶瓷界有名的“瓷二代”，他所在的华鑫电瓷是全球空心瓷绝缘子产量最大、品种最全的制造企业，主攻电力行业的空心陶瓷绝缘子；黄勖夫，1994 年出生，收藏家、策展人和艺术赞助人，他于 2020 年创立 X 美术馆，一直致力于推广中国年轻艺术家和中国艺术到国际平台……

从20世纪初创烧釉下五彩瓷，再到中华人民共和国成立后获“国瓷”美誉；从醴陵“四老”，即丁华汉、吴寿祺、林家湖、唐汉初为醴陵釉下五彩瓷恢复立下汗马功劳，到如今“瓷二代”“瓷三代”以及更多青年力量注入醴陵瓷发展过程，在醴陵这片土地上，留下了上一辈精神上的归属感，也能让新一辈在这里找到祖辈生产生活的印记。这片场地技术不断换代，设备不停淘汰，生产场所也可能迁移，但内在的精神力量穿越时空得到传承。当工业遗产的保护与城市发展的理想结合，更深入链接人们现实生活，就会给这座城市，给每个人注入原动力。当这块原本的灰色（老瓷厂）像醴陵釉下彩一样，变得五彩斑斓，醴陵也会获得再一次的蜕变与新生。

淬火与绽放

时间：2022年10月27日下午
地点：古桥芳洲

陶瓷之外，花炮是醴陵获得前人馈赠的又一文化明珠。醴陵不仅是“中国陶瓷之都”，还是“中国花炮之都”。

相传唐朝初年，吴楚间瘟疫流行，醴陵富里镇麻石村人李畋用竹筒装填火药燃放，利用爆炸时产生的气浪和硝烟驱散瘴气，控制瘟疫传播，爆竹因而很快推广开来。

星子灯是流传于湖南省醴陵市境内的一种传统民俗舞蹈艺术形式。因其用硝黄、硫黄等物制作而成，点燃后，火星四溅，明亮闪烁，犹如天上的繁星，故名“星子灯”。醴陵星子灯形成于明末清

| 星子灯表演

初，起源是人们将硝黄和树皮混杂在一起，放在房屋内的厨房、厕所、猪栏等角落，用火点燃进行消毒祛瘟。有智者受爆竹引子的启发，将硝黄、树皮和炭等制成“捻子”，夹在木制的手把上，且三五一组将手把上的“捻子”点燃，在房屋前后来回跑动，对环境进行消毒。

手把上的“捻子”点燃后绽放出点点星花，舞动时星花缕缕似火龙在空中飞舞，蔚为壮观。后来，人们不断地对“星子灯”进行改革和规范，逐步形成了今天民间舞蹈“星子灯”的文化特色。将“星子灯”摇动起来，则如一条火龙，故又称之为“火龙舞”，这是中国独一无二的龙舞，也是中国最古老的火龙舞之一。如今，人们仍在村子里表演星子灯，火龙在村庄里走家串户。见到星子灯来了，每家都在早已打开的大门前燃放鞭炮，然后恭迎火龙进门，为自家祛灾，为家人添福。

“星子灯”引发了爆竹生产的历史性变革，产生了它的分支——

醴陵烟花拼成“70”字样（遗产地供图）

花炮。曾经用于祛除瘟疫的爆竹，在后人的改良创新下成为表达喜悦的绚烂烟花。在天安门广场举行的庆祝中华人民共和国成立70周年联欢活动上，由烟花拼成的“70”和“人民万岁”字样，便是由醴陵“书写”的现代浪漫。

我们组织了一场醴陵烟花表演。在隔江眺望的青石桥上，五颜六色的烟花于漆黑的夜幕之中绽放。顷刻间，红的、黄的、紫的、蓝的……各种颜色的烟花在夜空中肆意舞蹈。漫天绚烂的烟火，聚成一团火，散作满天星，正犹如在工业化浪潮中遭受挫折的醴陵人，他们积蓄力量，在陶瓷事业的不同领域，继续发挥着自己的光亮。

文化遗产的传承者延续其活力，创新者则为其注入新的生命。传统犹如一条河流，每一个时代的继承者在继承的同时，又在时代之手的推动下融入“传统”所没有的东西，使传统文化按新的维度向“现代”及“未来”发展。历来联通南北的醴陵如今乘着中国现

|“万里少年团”组织醴陵烟花表演

代化的快车，站在了新的历史起点，为醴陵的文化遗产融入更广阔的天地做好了准备。

从沩山古窑到群力瓷厂，不仅记录着醴陵瓷的发展史，也能感受到近代以来无数叱咤风云的醴陵人身上“敢为天下先”的勇气与魄力。一代代醴陵人以千年制瓷的历史为基，承古拓今，让曾经的“釉下五彩”在熊熊窑火中，淬炼得愈加斑斓，也把烟花的色彩发挥到了极致，让璀璨和异彩点亮了世界的天空。

第六站
曲阜孔庙、孔林和孔府

遗产地档案

遗产名称	曲阜孔庙、孔林和孔府
遗产位置	山东省曲阜市
列入世遗时间	1994 年
遗产种类	文化遗产
世遗色	琉璃黄

#ffcd581
#e1a924
#ce7112
#599ecc
#0e335a

东方圣城

时间：2022 年 12 月 16 日上午
地点：孔庙

此番，“万里少年团”来到曲阜。这一站，演员张晓龙和佟丽娅加入了“万里少年团”，和我们共同探访这一片中华文化生根发芽的土地。

曲阜一名始见于《礼记·明堂位》:“成王以周公为有勋劳于天下，是以封周公于曲阜。”《尔雅·释地》:“大陆曰阜。”东汉学者应劭注:“鲁城中有阜，委曲长七八里。”原鲁国故城中土岭蜿蜒曲折，故名曲阜。

曲阜自上古至周，多次被选定为王都或侯都。《史记·周本纪》张守节《史记正义》引《帝王世纪》:“炎帝自陈营都于鲁曲阜，黄帝自穷桑登帝位，后徙曲阜。少昊邑于穷桑，以登帝位，都曲阜。颛顼始都穷桑，徙商丘。”“或云穷桑即曲阜也。”《史记·鲁周公世家》载，周武王灭商后，“封周公旦于少昊之虚曲阜，是为鲁公。周公不就封，留佐武王。”周成王时，周公之子伯禽就封于鲁，为“褒周公之德”，“成王乃命鲁得郊祭文王”，“有天子礼乐”。伯禽行前，周成王赐予天子所用之辂车、龙旗、贵重青铜器、夏后氏传世之美玉、封氏保存之大弓，以及各种典籍文物，并让伯禽带上祝、宗、卜、史等重要官员。伯禽至鲁不久，即以西、北两面的洙水为天然城壕，修筑了鲁国都城。鲁起周公至顷公，历经近 800 年，于公元前 249 年为楚所灭。

更为重要的是，2500 多年前，孔子诞生在这里。他在此开坛授学，创立儒家，为此后 2000 多年的中国历史与文化打上了深深的儒学烙印。在孔子以后的数百年中，此地儒学人才辈出，除了元圣周公、至圣孔子，复圣颜子、宗圣曾子、述圣子思、亚圣孟子等先贤大儒也曾生活在这里。历史底蕴的积累，让曲阜拥有了“东方圣城”的美誉。

中国有曲阜，曲阜有三孔。三孔分别是与北京故宫、河北承德避暑山庄合称“中国三大古建筑群”的孔庙，有“天下第一家”之称的孔府，还有世界上延续时间最长的家族墓地——孔林。1994 年，曲阜孔庙、孔林和孔府被联合国教科文组织正式列入《世界遗产名录》。

全世界有 2000 多座孔子庙，分布在中国、朝鲜、日本、新加坡、美国等国家，其中国内就有衢州孔氏南宗家庙、南京夫子庙、北京孔庙、吉林文庙等，然而这些孔子庙的先河和范本就是位于曲阜市南门内的孔庙，论及面积之大、规格之高、时间之早以及神圣性，曲阜孔庙独一无二。

我们在万仞宫墙集合，这里是孔庙的外大门。万仞宫墙名字源自《论语·子张》:“夫子之墙数仞，不得其门而入，不见宗庙之美，百官之富。得其门者或寡矣。”子贡以宫墙之高比喻孔子的学问和思想博大精深，这个名称也蕴含了学习中华优秀传统文化要“得其门而入”的思想。

这里每天都有开城门仪式，在仪式感中，孔子学院原院长杨朝明老师带我们走进孔庙。

孔子，中国古代思想家、教育家、政治家，儒家创始人，春秋末期鲁国人。公元前 479 年，孔子去世。第二年，鲁哀公将孔子

万仞宫墙（新华社供图）

生前所居之堂改作祀庙，陈列孔子生前所用的“衣、冠、琴、车、书”，虽只有“庙屋三间”，但“因以为庙，岁时奉祀”。自鲁哀公之后，历代王朝不断加以修建。唐代修庙5次，北宋修了7次，清代孔庙修建了14次。清雍正二年（1724年），孔庙因雷火损毁，雍正帝“发帑金令大臣等督工监修，凡殿庑制度规模，以至祭器仪物，皆令绘图呈览，亲为指授”，还调集了12个府、州、县令督修，共用了6年时间进行修建。

梁思成先生曾说：“由建筑史的立场上着眼，曲阜孔庙的建筑，实在是一处最有趣的，也可以说是世界上唯一的孤例。以一处建筑物，在二千年长久的期间，由私人三间的居室，成为国家修建、帝王瞻拜的三百余间大庙宇；且每次重要的修葺，差不多都有可考的纪录。姑不论现存的孔庙建筑与最初的孔子庙有何关系，单就二千年来的历史讲，已是充满了无穷的趣味。”

孔庙是2000多年间在同一地点反复重建形成的建筑群。2000

孔庙（遗产地供图）

多年来，孔庙从未被荒废闲置，已经成为中国历史上使用时间最长的庙宇。其建筑风格也随着历朝历代的不同文化风俗而发生改变，今天，孔庙的主要建筑都是明清两代的遗产，但历史文化却流淌了2000余年。

孔庙主体建筑贯穿在一条长达1130米的南北中轴线上，九进院落，门坊54座，有殿、堂、坛、阁100余座460余间，占地面积300多亩。走过棂星门、圣时门，豁然洞开，古柏林立，中间一条宽阔的甬道通向前方，肃穆的气氛让前来参拜的人们静心凝神，敬慕庄重之情油然而生。穿过弘道门、大中门、同文门、奎文阁到达碑亭院。这里东西排列着13座碑亭，是专为保存皇帝御制石碑而建的，包含金代碑亭2座、元代碑亭2座、清代碑亭9座。历代多有君王来孔庙祭祀孔圣人，而且凡来者多在此刻碑留字，亭内存唐、宋、元、明、清等石碑55座，都是历代帝王祭拜孔子时颁赠的颂扬之碑。碑文用汉字、满文、蒙古文等几种文字书写，真草隶篆，座座不同，无论历史价值还是文学及书法价值，均可称得上文化宝藏。

碑亭原本是按设立年代依次排列，但一场大火使孔庙出现了一道另类景观。清雍正二年的孔庙核心建筑大成殿发生大火，将其及周围建筑全部烧毁。雍正帝在下令重建的同时，要求将自己和父亲康熙帝的两座碑亭挪到离大成殿最近的大成门前。要知道自宋代之后，孔庙的总面积没有增加，但建筑物却越来越多。地域狭小，大成门的两层檐又很高大，如果再建设两座碑亭，亭檐定会“打架”。工匠费尽心思，想出了一种“勾心斗角”的设计，即一座碑亭的一个檐角紧紧地抵住另一座碑亭的檐心，另有一个檐角与另一座碑亭的檐角顶在一起。这种设计利用建筑物的屋角飞檐高低长短差，将

丨大成殿

相邻的建筑物飞檐屋角交错穿插，体现了古代工匠巧妙利用空间的建筑美学。

穿过大成门就是曾被烧毁的孔庙核心建筑大成殿，它和故宫太和殿、岱庙天贶殿并称为东方三大殿。大成殿名字源自孟子对孔子的评价“孔子之谓集大成”，称赞孔子达到了集古圣先贤之大成的至高境界。为了彰显对孔子的尊敬，当年雍正帝特许大成殿按照皇宫的规格重新建造，在双层石栏的台基之上，金碧辉煌的大成殿凌空而起。大成殿东西长 54 米，南北深 34 米，殿高 31.89 米，屋顶采用的是仅次于故宫太和殿的重檐歇山顶。

故宫和孔庙有很多相似的地方，比如都是官式古建筑、中轴线布局。我国古代对琉璃瓦的使用是有严格规定的，若没有皇家特许，大臣和百姓都不得使用，并且明确规定了不同颜色琉璃瓦的使用场景，例如黄琉璃瓦只能用于帝王宫殿、陵庙，而曲阜孔庙的大成殿殿顶使用的就是黄琉璃瓦，足见孔子地位之尊崇。“琉璃黄”也是我们这一站的世遗色。

大成殿最为有名是10根深浮雕龙柱，每柱两龙对翔，盘绕升腾。10根龙柱两两相对，各具变化，无一雷同，造型优美生动，雕刻玲珑剔透，刀法刚劲有力。1981年2月13日，当时还是法国社会党领袖的密特朗第二次访问中国，特意来曲阜“朝拜”。他在参观完孔庙大成殿返至大成门下，在一深浮雕盘龙石柱旁席地而坐。在远处的孔子第75代孙孔祥民迅速端起相机，按动快门，拍下了一组照片。但照片洗出后效果并不理想，即使最清晰的一张，密特朗也是闭着眼睛的。过了一段时间，著名诗人公刘来曲阜，孔祥民向他倾吐了郁闷。公刘看了那组照片后，对密特朗闭目那张情有独钟，将其命名为《倾听三千年的回声》，后改名为《倾听龙的心声》。1984年，这张照片在第13届全国影展中引起轰动，先后被18家国内报刊转载，此后风靡海内外。1987年，山东省赴法国举办影展时，这张照片又引起新的轰动。照片被放大到1.2米赠送给法国政府收藏，为密特朗访华后，成功竞选法国总统留下了永恒的纪念。

大成殿内悬挂着自康熙至宣统9位帝王之匾，依序为：康熙题书“万世师表”，雍正题书“生民未有”，乾隆题书“与天地参”，嘉庆题书“圣集大成”，道光题书“圣协时中”，咸丰题书“德齐帱载”，同治题书“圣神天纵”，光绪题书“斯文在兹”，宣统题书“中和位育”。孔庙里悬挂的牌匾反映了历代帝王对孔子的推崇，同时也深刻体现了中国古代的文化信仰和文化理念。

公元前195年，汉高祖刘邦经过曲阜时祭祀孔子，开辟了古代

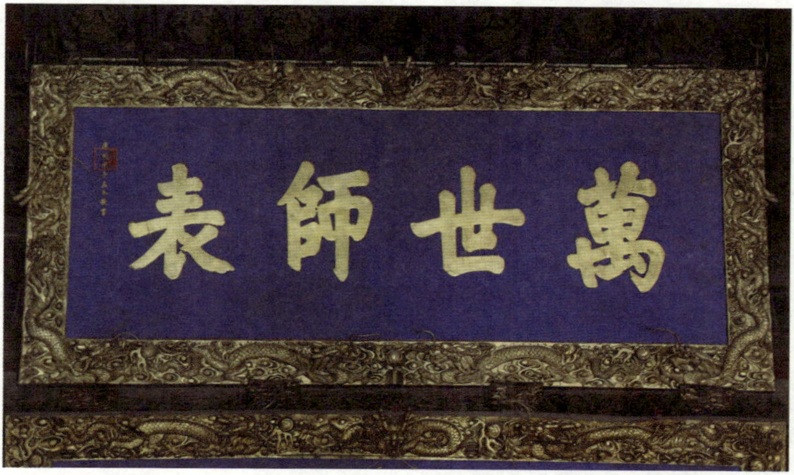

| 康熙题书（遗产地供图）

帝王祭祀孔子的先例。从西汉到清代，先后有 12 位皇帝 19 次亲临孔庙祭祀，近百位皇帝派遣代表到此代祭。唐太宗更是下令京城和全国皆为孔子立庙，并专令建阙里孔庙（指曲阜孔庙），孔庙规格更高、规模更大，被赋予了“孔庙表率”和“祭祀孔子中心地”的意义。在历代帝王的推崇下，孔庙被建成为中国建筑规模仅次于故宫的古文化建筑群。

曲阜是孕育了东方文明的世界观和哲学体系——孔子思想和儒家文化的高地。孔庙的规模之大，延续时间之长，体现了生生不息的气魄。千年时光，建筑是最好的记载，三孔古建筑群成为文明发展活的见证和例证，价值不可估量。而延续千年，定有一代代的“时光守护者”传承。我们决定去探访孔庙中正在施工的洪武碑亭，看三孔古建维修队如何用自己的方式守护这座建筑史上的“孤例”。

重绘“三孔”

时间：2022 年 12 月 16 日下午
地点：孔庙

洪武碑是孔庙四大名碑之一，始建于明代洪武年间，也就是说这座碑比北京故宫还要年代久远。弘治十二年（1499 年）孔庙火灾时碑亭被焚毁，如今的碑亭为民国时期重建。

洪武碑亭的修缮就是由三孔古建维修队开展的。三孔古建维修队成立于 1949 年，技术工人均来自修缮世家，其祖辈、父辈就从事孔氏家族的房屋等修缮保养，世世相袭，代代传承，聚集了一大批高水平工匠。他们不但负责三孔古建筑的修缮工作，还承担了北京西黄寺、中南海西花厅的修缮工程。

“瓦木石扎土，油漆彩画糊”是修缮“八大作”，也被称为“官式古建筑营造技艺”，即瓦作、木作、石作、搭材作（棚架等）、土作、油漆作、彩画作和裱糊作（窗户等）。这些技艺对于中国尤其是北方地区古建筑技术的发展起到了重要的引领作用。“八大作”庞杂精深，可细分出几百项不同工艺，从材料到手工都有严格规定。2008 年，“官式古建筑营造技艺”被列入国家级非物质文化遗产代表性项目名录。

三孔古建维修队有一支特色队伍——油漆彩画队，我与这支队伍结缘于 2014 年，当时三孔古建维修队受命承担三孔等古建筑彩绘保护工程任务。2015 年 5 月，故宫博物院与山东省文物局达成了战略合作协议，将国家级文物重点科研基地分支设在曲阜，开展

“曲阜孔庙、孔府、孔林古建筑保护之油画研究”重点课题。7月18日，我参加了“明清官式建筑保护研究国家文物局重点科研基地曲阜分基地”的揭牌仪式，备受世人瞩目的三孔古建筑彩绘保护工程正式开工。

油漆彩绘是这次三孔古建筑修缮的重点之一。油漆作主要内容分为地仗和油皮两项。地仗是一种传统的土木工程技法，就是用桐油猪血以及麻、布等材料包住木构件表层，为木质结构覆上一层衬底，以防腐防潮，为美观起见通常采用彩绘的方式进行。下竹钉（楦缝）、浆汁、捉缝灰、通灰、使麻、亚麻灰、钻生桐油……一幢古建筑体的地仗往往需要近20道工序才能真正完成，每一道工序、每一个细节都饱含着匠人们的心血。

熟桐油是古建领域的核心建筑材料之一，其用处之大，几乎可以覆盖修缮的全流程。桐油加猪血混合成的“老水泥”，在古建木结构保护中必不可少，涂在彩绘表面能防虫防腐。然而这一用量大、用途广泛的材料，其熬制方法却鲜有人熟练掌握。对火候的把握是熬制熟桐油的关键之一，火候不够油不干，黏性不达标；火候过了，油就废了，完全没法用。成功与否，往往取决于几秒钟的时间把控。另外，不同季节的熬油配料也不同，夏天熬制要多加章丹（矿物材料），冬天熬则要添土籽（矿物材料），哪一种原料配不到位都会影响油的品质。

如今，油漆已经普遍用于建筑施工，然而油漆一年掉色、两年起皮，化学颜料的色彩刺眼、轻浮，完全无法替代巴黎绿、群青等矿物颜料。因此三孔古建筑修缮工程秉持的是老手艺，使用的是老原料。桐油中加入猪血、砖灰、面粉，仍是最常用的油灰地仗。桐油猪血硬似铁，老材料让千年建筑焕发新生。用传统工艺油漆处理

老单用棉棒给古建筑除尘

的柱子可以经历百年甚至更长时间考验，子孙后代会看到现在的工匠有没有用心。

三孔建筑群有 1300 多间房屋，彩绘面积达 10 多万平方米，承载着厚重的历史信息。为古建彩绘留存资料、制作档案也是三孔古建筑修缮的亮点，在完整搜集资料之前决不允许动工。

三孔古建筑工程管理处油漆彩绘队副队长姜鲁老师就承担了系统搜集彩绘资料的重任。每当有工程被列入修缮日程，他就首先赶到现场，利用相机、毛刷、喷雾器、刻刀……搜集图片资料、手绘彩画小样，最后将资料装订成册，作为施工依据，也给后人留下翔实的图文资料。

实际的彩绘修复工作极其复杂。保存完好的彩绘先拓片，用印蓝纸进行人工复写，再借助测量工具修复即可。但三孔古建筑的彩绘大多数已遭受不同程度的损坏，同时彩绘年代不同、内容不同、绘画风格不同，囊括了和玺、旋子、苏式三大彩绘形式、几十个小类别，这更增加了辨识难度。姜鲁老师在工作中手绘了大量彩画，大家会笑说“他画的画比吃的饭都多”，但在孔府红萼轩修复工程启动时，屋内梁坊上仅剩的一小片纹饰，却是他从来没见过的！他查询资料、咨询专家，花费半个月时间才确定了那块梁坊彩画的出处。

文物资料是传承的重要载体，也是构筑中国建筑史的途径。著名建筑学家梁思成为中国建筑史的构建做出了突出贡献。写出第一本中国建筑史的，是一个日本人，名叫伊东忠太。那个时候的中国处于面临民族危亡的紧要关头，优秀文化、精美建筑何尝不处于同样境遇。梁思成先生对中国建筑史的空白充满失落和不甘，1932年，他开启了中国历史上的第一次古建筑调查，并延续了十年。特殊的历史背景，注定了这十年艰苦卓绝。

十年的考察，让梁思成先生掌握了大量的第一手资料，1942年他开始编写《中国建筑史》。因为时局极不安定，梁思成带领中国营造学社辗转各地，其间他不幸罹患脊椎软骨硬化症，需要穿戴特

三孔古建彩绘——黄线苏画（遗产地供图）

别的钢背心，才能坐立工作。这一阶段，林徽因也患上了严重的肺病，卧床不起。在极端艰苦条件下，梁思成先生用两年时间努力完成了《中国建筑史》。这是第一部由中国人编写的比较系统完整的中国建筑史，至今仍是建筑史上的巨著。

20 世纪 30 年代中后期，梁思成、林徽因等中国营造学社学者多次赴山东调查，对散落在齐鲁大地上的一些具有文物价值的庙宇、道观、雕像、墓塔、民居和园林等古建筑进行了细致的勘测、记录、整理，搜集了大量珍贵的第一手资料。他们共测绘了孔庙大小建筑平面图 40 余处，全部详测的有大成殿、奎文阁、金代碑亭 2 座、元代碑亭 2 座、元代门 3 座；摄影 300 余幅。除测绘孔庙外，梁思成等人还考察了孔林、颜庙等古建筑。

返回北平后，梁思成立即撰写了长达 13 万字的《曲阜孔庙之建筑及其修葺计划》，提出了具体修复建议，初步阐明了他对古建筑维修的原则及看法。从中我们可以看到如今古建修缮提倡的“修旧如旧”原则，现摘录两段文字，与大家共勉：

> 在设计人的立脚点上看，我们今日所处的地位，与二千年以来每次重修时匠师所处地位，有一个根本不同之点。以往的重修，其唯一的目标，在将已破敝的庙庭，恢复为富丽堂皇、工坚料实的殿宇，若能拆去旧屋，另建新殿，在当时更是颂为无上的功业或美德。
>
> 但是今天我们的工作却不同了，我们须对于各个时代之古建筑，负保存或恢复原状的责任。在设计以前须知道这座建筑物的年代，须知这年代间建筑物的特征；对于这建筑物，如见其有损毁处，须知其原因及补救方法；须尽我们的理智，应用

到这座建筑物本身上去，以求现存构物寿命最大限度地延长，不能像古人拆旧建新，于是这问题也就复杂多了。所以在设计上，我以为根本的要点，在将今日我们所有对于力学及新材料的智识，尽量地用来，补救孔庙现存建筑在结构上的缺点，而同时在外表上，我们要极力地维持或恢复现存各殿宇建筑初时的形制。

华夏衣冠

时间：2022 年 12 月 17 日上午
地点：孔府、孔子博物馆

曲阜的孔姓人口约占总人口的 1/5，孟、颜、曾等孔子门生的后人也是曲阜的大姓。不管姓什么，家族从什么时候起定居曲阜，这座小城的儒家文化底蕴都与孔家有关。

孔府即衍圣公府，是孔子嫡系长期居住的府第，也是中国专制社会官衙与内宅合一的典型建筑。孔府始建于明洪武十年（1377 年），弘治十六年（1503 年）重修，有古建筑 400 多间，分前后九进院落，中、东、西三路布局。

“衍圣公”这一称号是专制王朝对孔子嫡裔的优待封爵。自汉高祖刘邦以太牢之礼祀孔子之后，孔子地位不断提高，孔氏后裔也不断得到荣封赐爵，封号随朝代不同有所变化，北宋仁宗至和二年（1055 年），改封文宣公孔宗愿（孔子 46 代孙）为衍圣公，直至 1935 年取消孔德成“衍圣公”封号，改为“大成至圣先师奉祀官”。“衍圣公”封号前后历时 880 年，传承 32 代，计有 40 余人袭封。

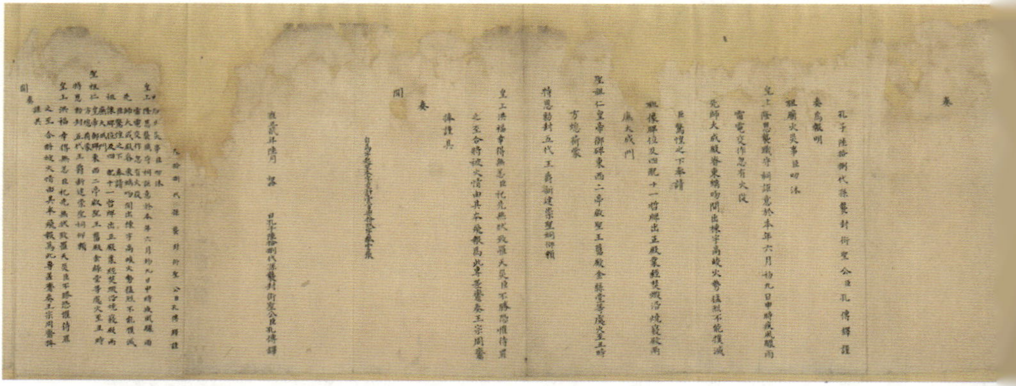

记录雍正二年大成殿失火事件的孔府档案（遗产地供图）

宋代时衍圣公相当于八品官，元代时提升为三品，明代初期为一品文官。

衍圣公府不仅在政治上有较高的礼遇，朝廷还会频繁赏赐祭祀器服、帝后墨宝、典籍文献等以示恩宠。衍圣公府还有自己的祭田、产业，形成了集政治、经济、文化为一体的“天下第一家”，拥有丰富的收藏，不少是国宝级文物，例如商周十供、孔府档案、明代服饰等。乾隆三十六年（1771 年），乾隆皇帝第五次驾临曲阜祭孔。据传乾隆皇帝发现孔庙孔府的祭祀礼器太过“普通”，完全配不上“孔圣人”，当即从宫中挑出 10 件商周时期的青铜器作为赏赐，即“商周十供”，包括木鼎、亚尊、四足鬲、饕餮甗、牺尊、伯彝、宝簠、蟠夔敦、夔凤豆、册卣。

孔府档案是孔氏家族在族内外各项活动中形成的文书档案，现存明代档案 62 卷，清代档案 6538 卷，民国档案 2421 卷，共 9021 卷 30 余万件，始于明嘉靖十三年（1534 年），止于 1948 年，包含 400 多年历史，是中国现存数量最大、内容最为广博的家族文献，主要包括有关衍圣公袭封、选官、朝觐、祭祀、摄族、修谱等内容，涵盖政治、经济、文化、宗族、重大事件、重要典制、著名历史人物等领域，从官方公文到寻常书信，形式不一而足，蕴藏着丰富的历史文化价值。

孔府旧藏8000多件明代以来衣冠服饰，其中明代服饰60余件，十分罕见，弥足珍贵。这些服饰如今都收藏在孔子博物馆，全国也只有这里收藏有传世的明代服饰藏品。孔府旧藏服饰来源主要有两条途径：一为朝廷赏赐；二为孔府自行置办。由于衍圣公的特殊地位，孔府经常得到朝廷赐服，孔府旧藏的赐服因有专人保管，保存非常完好。其中，明代传世成衣体系之完整、色彩之鲜艳、款式之齐全、保存之完好、纹饰之精美，在世界范围内独一无二。

孔子博物馆常设展“齐明盛服——明代衍圣公服饰展”集结了馆内所藏明代衍圣公家族服饰，锦衣绣袄尽显中国传统服饰的风韵与气度。这些服饰按照礼仪用场可分为朝服、祭服、公服、常服、忠静冠服、吉服、素服和便服8类。“人无礼则不生，事无礼则不成，国家无礼则不宁。”（《荀子·修身》）“齐明盛服，非礼不动，所以修身也。”（《中庸》）尊礼是中华民族的典型特性，孔府明代服饰的类别不仅是明代帝王尊孔崇儒的体现，也是诠释明代礼制的最佳依据。

服饰类文物相对来说较脆弱、易老化，加之外部环境的影响，如温湿度变化、光照以及有害气体等，部分服饰文物历经几百年的时光，会出现纤维断裂、糟朽的情况。徐冉老师是孔子博物馆孔府旧藏服饰研究中心主任，她带领团队开展了服饰的保护修复项目。充氮消毒、文物信息采集、病害记录、鉴定污染物属性、红外光谱和显微镜下观察纤维纵面……修复每一件已经产生病害的纺织品文物，要经过近10道工序。而修复又是一个漫长细致的过程，例如

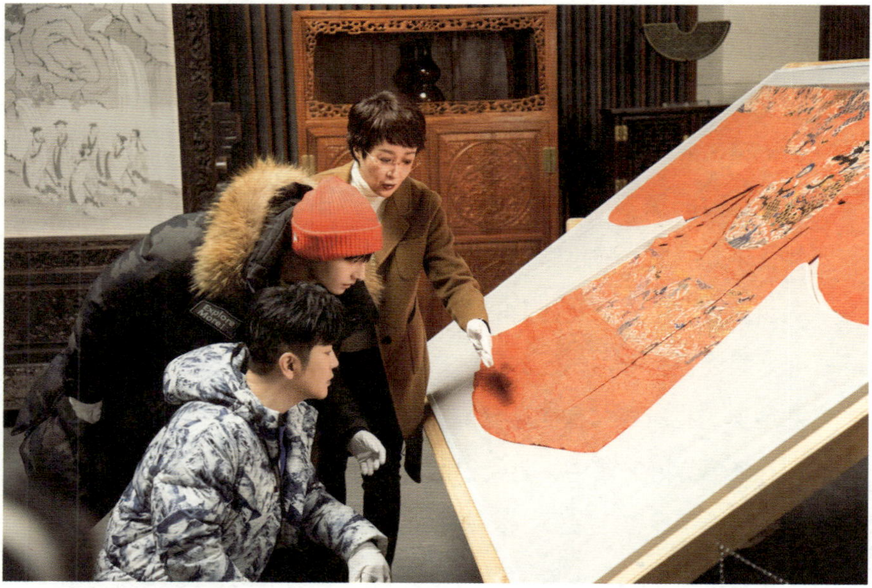

“万里少年团”参观修复好的孔府服饰

针线修复，看似只有一小块糟朽面积，一位修复师整个铺针加固和补衬做下来大概需要半个月时间。

保护修复是文物“延年益寿”的保证，以可持续的方式研究、阐释和传承中华优秀传统文化。在一位位修复师的努力下，服饰将历史价值、美学价值有尊严地呈现给民众。而且孔府旧藏服饰具有有证可考的特点，服饰实物、孔府档案和画像三者互相作证，这是独一无二的。孔子博物馆将服饰和明代衍圣公衣冠画像、明代孔府档案、明代碑刻拓片等相关资料配合展出，向公众全面展示和解读了明代衍圣公家族服饰。

“中国有礼仪之大，故称夏；有服章之美，谓之华。”（唐代孔颖达注《左传·定公十年》）传统服饰蕴含着古人的礼制观念等文化内涵，中国服饰文化源远流长，是中华文明的华彩篇章。以徐冉老师为代表的时光守护者，守护的是华夏衣冠，更是华夏文明。我们的悠久历史、珍贵文物将因此世代延续。

千年礼乐归东鲁，万古衣冠拜素王

时间：2022 年 12 月 17 日下午
地点：孔林、孔子研究院

孔林位于曲阜城北，是孔子及其家族的专用墓地，也是世界上延时最久、面积最大的氏族墓地，拥有坟冢 10 万来座。孔子去世后，葬鲁城北泗上。其后代从冢而葬，形成今天的孔林。在这里既可考春秋之葬、证秦汉之墓，又可研究我国历代政治、经济、文化的发展和丧葬风俗的演变。

“墓古千年在，林深五月寒”，从子贡为孔子庐墓植树起，孔林内古树已达万余株。自汉代以后，历代统治者对孔林重修、增修过 13 次，形成现今规模——周围林墙 5591 米，墙高 3 米多，厚约 5 米，总面积约 2 平方千米。相传孔子死后，“弟子各以四方奇木来植，故多异树，鲁人世世代代无能名者”。时至今日，孔林内的一些树株人们仍叫不出它们的名字。其中柏、桧、柞、榆、槐、楷、朴、枫、杨、柳、檀雒离、女贞、五味、樱等各类大树，盘根错节，枝繁叶茂；野菊、半夏、柴胡、太子参、灵芝等数百种植物，也依时争荣，形成一座天然的植物园。

孔庙、孔府、孔林构成曲阜三孔，如今的尼山圣境、孔子博物

孔子博物馆

馆、孔子研究院组成“新三孔”。孔子博物馆由建筑学家吴良镛先生规划设计，占地面积16.5万平方米，主馆以仿汉式建筑为基调。孔子博物馆是“三孔”文化遗产的延伸，馆藏各类文物70万件，包括30余万件孔府档案、宋代以来4万余册善本古书、8000多件明清衣冠服饰以及祭祀孔子相关的礼乐器等。整体展陈以文物和艺术场景为载体，借用高科技，优化参观体验。从三孔“拜孔”到尼山“学孔”再到慢城“儒客”贯穿南北的儒家文化深度旅游大格局，“新三孔”与“老三孔”完美呼应。

近几年，曲阜积极探索传统文化的产业活化与现代重塑之路。创新推出“背《论语》免费游三孔”、百姓儒学节、中华成人礼、开笔礼等系列文化项目；整理了开城仪式、祭孔表演、孔府大戏，创新推出《金声玉振》《素王传奇》等文化演艺项目；打造高品质研学旅游，塑造了四大文化教育培训基地，挖掘做活“孔府印章＋互联网”模式……这一系列创新之举，体现了曲阜作为世界文化圣地，勇担孔子故里的文化担当，为曲阜文旅发展注入了新动能，同时也为同类地区开辟“让文物活起来”的文化传承之路树立了典范。

“万里少年团”在世界文化遗产曲阜三孔的探访继续深入。三孔古建筑群延续2000多年，一段段岁月融成中国人文化基因的“底色”。在曲阜三孔，我们在凝固的建筑、华美的服饰中回看昨天；以文物修复师、文化传承者的视角观看今天；同时，我们也在思索，带着这些血脉里的积淀，我们要以怎样的方式看向未来。

每个中国人都有自己的生命底色，每个中国人的生命底色都是儒家文化所铺染的。要认识今天的中国，今天的中国人，就要深入了解中国的文化血脉，准确把握滋养中国人的文化土壤。今天，我们为什么还要研究孔子、学习《论语》？其实每个人的日常工作生活，面对新时代、新环境、新问题时所表现出的智慧，无不回答着这个问题。在这座孩子都能背诵《论语》的城市里，我们通过网络收集当代年轻人面对的困惑和烦恼，尝试用千年前孔子留下的思想解决当今实际问题。有人对未来迷茫，想要寻找专业方向，“君子藏器于身，待时而动”可以很好地回答；有人寻求快乐的方法，大家熟悉的“有朋自远方来，不亦乐乎”可以回答；人为什么要结婚呢？要不要趁年轻去大城市闯一闯，不参与集体活动就是不合群……这些困扰年轻人的问题，我们都可以用孔子智慧解惑，这就是“活化”。

同样，文物也不能永远躺在库房。为了让这些旧藏服饰活起来，孔子博物馆特别复刻了孔府旧藏服饰。于是我们与孔子博物馆“箫韶乐团”共同上演了一场穿越2000多年的礼乐“盛典”——《诗经·小雅·鹿鸣》。

《三圣像》是一幅明代画作。图中绘有孔子、颜回、曾参三位

| “万里少年团”礼乐表演

先哲。孔子居中，礼冠、宽衣、博带、乌履，长须下垂，神态安详，展现出谦卑有礼、雍容大度的圣人风范。弟子颜回侍立其左侧，曾参侍立其右侧，均头戴巾帻，着交领大袖长衣，恭敬侍立倾听孔子教诲，神态安详，文质彬彬。三人衣纹为蝇头小楷书成的《论语》，可谓独具匠心。

张晓龙、牛骏峰、唐九洲穿上以文物为设计灵感复刻的服饰，将古画“复活”，以现代复现礼乐表演展现穿越时空的历史文化传承，讲述这片土地上时光守护者们的故事。这幅画现在孔子博物馆“大哉孔子”展厅展出，孔子博物馆还根据这幅画制作了数字互动装置，观众只需点击触摸屏就可以放大画面，清晰地看到书写在三圣衣服上的《论语》篇目，更直观地感受这幅画的特别之处。

佟丽娅身穿暗绿地织金纱云肩通袖翔凤纹女短衫，葱绿地妆花纱蟒裙。其中下身服饰为马面裙式，裙腰为红色折枝暗花纱，裙身主体为葱绿色暗花纱，以妆花饰为双襕，襕内金织正蟒、行蟒和翔凤，间饰流云、花卉、海水江崖等纹饰，尽显明代服饰风韵。

“千年礼乐归东鲁，万古衣冠拜素王”，欢迎大家来曲阜与文物近距离接触，探寻圣人足迹，感悟儒家文化。

第七站
海上丝绸之路·龙泉

遗产地档案

遗产名称	海上丝绸之路·龙泉
遗产位置	浙江省龙泉市
遗产种类	文化遗产
世遗色	雪拉同

#d5ad6d
#86a589
#53aa84
#00493f
#604c25

瓯江边的青色

时间：2022 年 10 月 21 日上午
地点：留槎洲

新的一站，“万里少年团”来到龙泉。

浙江龙泉，因剑得名，由瓷生辉。“宁知草间人，腰下有龙泉。”（唐代李白《在水军宴赠幕府诸侍御》）这里的龙泉就指龙泉宝剑。龙泉宝剑始铸于春秋战国时期，已有 2600 多年的历史。秦汉时期，龙泉铸剑师专为皇室铸剑。唐乾元二年（759 年），因铸剑大师欧冶子所铸剑“龙渊”，此地置县曰龙渊，后因避唐高祖李渊之讳，改名“龙泉”，自此有了龙泉宝剑之称，并名扬天下。

龙泉青瓷“青如玉、明如镜、薄如纸、声如磬”，上乘青瓷青翠滋润，莹澈剔透，富于韵味。龙泉青瓷釉色与自然界青绿色调相融合，“雨过天青云破处，梅子流酸泛绿时”，龙泉窑烧制的粉青釉和梅子青釉更是成为中国古代瓷器之“青”的绝佳代表，一件件器物所散发的敦厚、淡雅、含蓄的意蕴，也彰显着技术与审美于一体的青瓷烧制技艺。

梅子青吉祥尊（遗产地供图）

龙泉位于浙江省西南部的浙闽赣边境，东邻温州经济技术开发区，西接武夷山国家级风景

瓯江

旅游区，是浙江省入江西、福建的主要通道，素有“瓯婺八闽通衢”“驿马要道，商旅咽喉”之称，历来为浙、闽、赣毗邻地区商贸重镇。

龙泉境内河流分属瓯江、钱塘江、闽江三江水系。西、南、北有 20 多条小溪流向中部，汇入龙泉溪，流向温州；市西北住溪、碧龙溪是乌溪江上游，流向杭州；市西宝溪流入福建省属闽江水系，流向福州。因此，素有水流“三州”之称。天然优势为龙泉瓷的发展、繁盛奠定了基础。

龙泉古属处州，古人称龙泉窑为“处州窑”。五代至北宋初，龙泉窑发展迅速，以龙泉为中心的处州府各地，窑场初具规模。宋代庄绰《鸡肋编》记述：“处州龙泉县……又出青瓷器，谓之秘色，钱氏所贡，盖取于此。”这一记载如实记录了唐代以后的五代十国时期，统治浙江的钱氏王朝已经在龙泉开辟了秘色瓷生产的新基地，以满足其大量进贡中原朝廷之需。

南宋龙泉青瓷（遗产地供图）

北宋是龙泉窑发展的重要时期，窑业生产以龙泉大窑、金村（包括庆元县上垟村）、安福、大白岸为中心，松阳县的界首及青田县的石帆、新庄等地都设窑烧制青瓷。同时疏浚开凿河流，使得龙泉瓷器可通过船筏顺流而下运销丽水、温州等地，龙泉窑得以迅速发展。北宋中晚期，龙泉窑业便由南向东沿瓯江流域扩展。

南宋时期因以临安（今杭州）为都城，龙泉窑成为宫廷用瓷的主要来源。龙泉窑的生产规模之大，技术水平之高，达到鼎盛。南宋龙泉窑的产品主要有黑胎厚釉青瓷和白胎厚釉青瓷两种，即传统所称的“哥窑”和“弟窑”。明代陆深最早在《春风堂随笔》中提道:“哥窑浅白断纹，号百圾碎，宋时有章生一、生二兄弟，皆处州人，主龙泉窑之琉田窑。生二所陶青器，纯粹如美玉，为世所贵，即官窑之类。生一所陶者色淡，故名哥窑。”哥窑也是中国古代五大名窑之一。

《宋会要辑稿》载南宋绍兴十六年（1146 年）时高宗上谕:“市舶之利，颇助国用，宜循旧法，以招徕远人，阜通货贿。”可知当时朝廷为充实国库，以发展海外贸易为国策。为防止金银外流，宋朝大量出口各类商品，极大地刺激了瓷器出口。当时龙泉窑已取代越窑成为江南最大的窑业，其中心窑场又在南宋腹地浙江境内，有水路通过温州、明州等诸多港口，海运极为便利，因而龙泉青瓷当时大量出口到东亚和东南亚及东非、阿拉伯地区。

| 大窑枫洞岩遗址（遗产地供图）

元代丽水地区的窑场如雨后春笋般涌现，窑址遍及瓯江两岸及支流区域，甚至钱塘江支流的乌溪江和闽江支流区域也有分布，共有窑址 400 多处，其规模为龙泉窑发展史上之最。元时对外贸易极为开放，龙泉青瓷通过海运源源不断地输往国外。

明代早期，龙泉窑在国内的窑业中仍占据着一定的地位，尚能与景德镇相抗衡，是朝廷御用瓷器的定制烧造地。到了明中晚期，龙泉窑开始出现衰落迹象。清乾隆《龙泉县志》载：“明正统时顾仕成所制者，已不及生二章远甚，化、治以后质粗色恶，难充雅玩矣。”龙泉窑在明末渐渐淡出了名窑的行列。

龙泉窑是中国陶瓷史上烧制年代最长、窑址分布最广、产品质量最高、生产规模和外销范围最大的青瓷名窑，主要分布于龙泉市金村、溪口、大窑等地的龙泉溪、秦溪岸畔。坐落在龙泉市西南 40 多千米外大窑村的枫洞岩遗址，是宋元明时期最重要的龙泉窑窑址之一，核心区面积达 5 平方千米。12—15 世纪，这里的一个窑厂每年生产几十万件瓷器。根据考古发现，5 平方千米范围内有 100

多座窑址，每年生产上千万件瓷器。

1988 年，大窑龙泉窑遗址被国务院列为全国重点文物保护单位，这座在群山环抱中的小村，与青瓷的千年之缘至今仍随处可见。2016 年 7 月，国家文物局正式将龙泉市“龙泉窑大窑－金村遗址”纳入我国世界文化遗产申报推荐项目“海上丝绸之路”首批遗产点名单。所以，为什么一个面积只有 3000 多平方千米的山地城市，影响能够遍及全世界，这是龙泉最特殊的地方。

这一站，我们的世遗色是“雪拉同”，这是龙泉青瓷的颜色，包括著名的“梅子青”“粉青”。粉青釉和梅子青釉早在南宋时期就已创产，其色调可与翡翠媲美，成为青釉瓷器色与质地优美的顶好作品。它晶翠温润，丰厚雅素，是巧夺天工的人造青玉。在色彩的背后，这是华夏民族对于文化之精神的淬炼和传承，它是中国人看待世界的方式，更透着骨子里的东方浪漫。

我们寻访龙泉青瓷出洋的起点，来到瓷厂体验青瓷的制作过程。粉碎、淘洗、陈腐、练泥、拉坯、晾干、修坯、装饰、素烧、上釉、装匣、装窑、烧成等多道工序，在千年的传承里，这些工序形成了独特的青瓷烧制技艺，成就了龙泉窑声名远扬的中国色彩。

天下龙泉

时间：2022 年 10 月 21 日下午

地点：大窑龙泉窑国家考古遗址公园

我和唐九洲以及影视演员李治廷来到金村古码头——海上丝绸之路的起点之一。这里既没有丝绸，也没有大海，为什么是海上丝绸之路的起点呢？因为这里生产海上丝绸之路的主要货物——青瓷。古时，一批批青瓷就是从金村码头沿着瓯江到达温州、宁波等港口，再到世界各地。《龙泉县志》记载：“瓯江两岸瓷窑林立，烟火相望，江上运瓷船舶往来如织。”当时，江面上铺满了船只，从江的一岸跨到另一岸，只需从竹筏中穿过去，而大量的龙泉青瓷也随着船只“出洋”。

中国历史地理学家陈桥驿在为《龙泉县地名志序》所作序中写道：“从中国东南沿海各港口起，循海道一直到印度洋沿岸的波斯湾、阿拉伯海、红海和东非沿海……无处没有龙泉青瓷的踪迹，这条漫长的‘陶瓷之路’，实际上就是中国陶瓷特别是青瓷开拓出来的。”现在，在全球各大博物馆中的龙泉青瓷精品和海上丝绸之路沉睡的古船中，都记录着“天下龙泉”昔日的辉煌。

1975 年，韩国渔民在朝鲜半岛西南部新安海域无意间打捞起 6 件中国古代青瓷，由此揭开了著名的“新安沉船”考古序幕。1976—1984 年，韩国文化财管理局先后对该沉船进行了十余次大规模打捞发掘，获得了大量出水文物。在出水的 2 万余件陶瓷器中，龙泉窑青瓷达 9000 余件。

700 多年前，一艘满载龙泉窑瓷器的船只在福建漳州圣杯屿海域沉没。这处水下遗址位于古代海上丝绸之路南洋航线和东洋航线的交汇处。2022 年 9 月，福建圣杯屿元代海船水下考古进行了正式发掘后的首次文物提取。发掘出水的瓷器类文物皆为龙泉青瓷，器型包括盘、碗、高足杯和香炉等，大部分为完整器。

近几十年来，亚洲、非洲等诸多国家均有各时代的龙泉窑产品出土，日本、菲律宾、马来西亚、巴基斯坦、印度、埃及、肯尼亚等国均有宋元时期龙泉青瓷发现。龙泉青瓷是我们国家传统对外贸

| 水下考古队员在圣杯屿元代沉船遗址发掘文物（新华社供图）

易的一个品种，从宋代开始一直到元代，无论是装饰工艺、风格，都有很大的发展。圣杯屿沉船中的器物，更多的是适应市场化大量销售而生产的。其中青釉双鱼洗，只有成年人手掌大小，敞口、折沿、圈足，内底模印两鱼，是圣杯屿出土的精品器物之一。与它同款的另一件洗，内底的鱿鱼被胎体取代。元代龙泉窑多为批量生产，为满足海外大量订单，多采用叠烧工艺，圆足和下部器物内底常常刮掉釉料，以免黏连，出土器物留下的砖红色斑点正是元代外销瓷的实证。

2021 年，圣杯屿沉船考古发现了一些大盘残件，直径约 35 厘米，相比同批出土瓷器中显得硕大醒目。元代迎来外销窑的鼎盛时期，窑厂开始市场化，有意识地迎合国外人们的生活偏好来生产、定制瓷器。为满足西亚、中东地区围坐吃饭的习惯，形体硕大的盆碗应运而生。印花、刻花也是为了供应海外市场。元代时，龙泉窑出口的瓷器在中国（外销）瓷器里所占的比例，在环印度洋地区达到 80%—90%，在东亚、东南亚地区达到 50%—60%。

其实，龙泉青瓷不仅“出洋”，也曾“回家”。2018 年，故宫博物院和龙泉市人民政府举办的“出宫·回家——故宫博物院藏龙泉窑青瓷精品省亲之旅”展览在龙泉青瓷博物馆开幕。此次展览以“出宫·回家”为题，精选 102 件故宫收藏的器形精美、釉色纯正的龙泉窑青瓷文物，辅以不同窑口出土的陶瓷标本，展现了不同时期宫廷用龙泉青瓷的独特风貌。这次展览让藏于深宫的精品文物走向大众，让更多的民众在家门口就能欣赏宫廷文物之美，受到了民众的广泛欢迎。

2019 年 5 月 15 日，“天下龙泉——龙泉青瓷与全球化”特展在故宫博物院敬胜斋正式启动。此次特展由故宫博物院与浙江省博物馆、丽水市人民政府联合举办。展览分两阶段进行，第一阶段位于故宫博物院斋宫、景仁宫，第二阶段位于浙江省博物馆。此次展览共展出文物约 830 件，包含故宫博物院的 507 件，来自浙江等 18 个省市 32 家博物馆、考古所的 205 件，以及来自境外 6 个国家

2019 年，著名陶瓷专家耿宝昌向故宫博物院赠送展览题字“天下龙泉”（遗产地供图）

南宋龙泉窑青瓷“马蝗绊”碗（新华社供图）

和地区 11 家博物馆、考古所的约 120 件。其中有 35 件是来自越南、泰国、缅甸、日本、伊朗、叙利亚、埃及、英国等国家和地区在不同时期模仿龙泉青瓷的作品。此次展览是历来关于龙泉青瓷研究与展览中，展品数量最多、涉及产地最广且包含多元文化的一个展览，意义重大。

有些流落在海外的青瓷珍品借这次大展回国“短暂探亲”，例如“马蝗绊”。根据日本的文献记载，南宋时杭州的佛照禅师将龙泉窑青釉葵口碗赠送给日本的平重盛将军。这个碗在日本不同家族之间传承，到永乐时期，日本的足利义政将军（室町幕府第八代将军）得到了它，但碗当时已经有裂痕。他让赴华的使臣带着这个碗来到大明，希望明代永乐皇帝再赏赐一件同样品质的碗。但是明代瓷器的风格已经转变，不可能再找到相同形制的瓷碗。永乐皇帝只能令人打了六枚锔钉后，返还日本使臣。日本人一看，修过之后的碗形更美了。因锔钉形状像大蚂蟥，日本人称其为马蝗绊。马蝗绊因其残损也被称为“青瓷界的维纳斯”，目前由东京国立博物馆收藏。2019 年 10 月马蝗绊到故宫参展，2019 年 11 月到 2020 年 2 月回到浙江省博物馆展览。

翻开历史长河，龙泉窑产品曾大量外销。从宋代到明代，这里出产的龙泉青瓷一直作为大宗商品，通过陆路和海路出口到亚非欧三大洲的多个国家，成为中国与世界各地交流交往的“友谊使者”以及“海上丝绸之路”的标志性符号。

我们沿着古时的挑瓷小道行走，过去的几百年，通过这条小道大量龙泉青瓷走向世界。龙泉青瓷的流布也立体化地展现出宋元以来陆上及海上陶瓷之路的兴盛发达。如今，青瓷“回家”回顾历史繁荣，也续写龙泉青瓷今日“再生”。这里面有很多故事，我们希望可以讲给更多的人听。

不仅是“再生”，更是“在生”

时间：2022 年 10 月 22 日
地点：陈万里故居、叶小春青瓷研究所、青瓷小镇

瓷器是中国古代重大的发明之一，是中国对人类文明史做出的杰出贡献，所以中国在世界上被誉为“瓷国”。然而长期以来，陈万里先生曾因“以数千年陶瓷著称的中华，竟没有一部陶瓷史”而感慨。陈万里先生是中国近代享誉世界的陶瓷专家，故宫博物院研究员，同时也是研究龙泉青瓷的先驱。

近代瓷学研究史可划分为两个阶段，一为文献考据阶段，一为考古调查发掘阶段。陈先生是我国近代第一位走出书斋、运用考古学的方法对古窑址进行实地考察的学者。他曾提出过“一部中国陶瓷史，半部在浙江；一部浙江陶瓷史，半部在龙泉”。为考查浙江龙泉青瓷，20 世纪二三十年代，在交通条件十分恶劣的情况下，他“八上大窑”，发现了龙泉青瓷遗址，成就了中国陶瓷史上的一段佳话。

研究瓷器发展的历史，文献史料与实物史料是不可缺少的两大方面。陈万里先生创导的以这两者相互印证的研究方法，为我国瓷学研究奠定了基础。1946 年，陈先生撰著的《瓷器与浙江》一书堪称是从传统的“书斋考古”走向“窑址考古”的一座里程碑。他还将其所藏文物捐赠故宫博物院，为院藏龙泉窑文物再添重彩。现在，大窑村里的陈万里纪念馆、陈万里纪念亭、陈万里铜像和纪念碑等，就记录下了这段特殊的岁月。

陈万里先生的“研究”是龙泉青瓷“再生”的起点，但技艺的恢复还要追溯至 1957 年。

1957 年，一位在中国工作的苏联专家回国前想要一件仰慕已久的“雪拉同”陶瓷作为纪念，但大家却不知道他口中的“雪拉同”到底是什么。于是，工作人员前往故宫博物院请教陈万里先生，这才知道“雪拉同”指的就是龙泉青瓷。原来，宋代龙泉青瓷出口海外时，一位法国人看到龙泉青瓷后十分喜欢，认为这是世界上的珍品。当时法国名剧《牧羊女亚司泰来》男主角雪拉同身穿的衣服颜色跟龙泉青瓷一样，就将龙泉青瓷称为“雪拉同”。

然而明清时期，龙泉青瓷的烧制工艺逐渐衰落，龙泉青瓷留存屈指可数，苏联专家只好带着遗憾离开了中国。1957 年 7 月，周恩来总理在南京召开的全国轻工业厅长会议上指示：“要恢复五大名窑

| 烧窑

生产，首先要恢复龙泉窑和汝窑。”随后，国家轻工业部做出了《关于恢复历史名窑的决定》。在周总理的关怀下，龙泉国营瓷厂成立 8 人小组恢复青瓷技艺，在 1958 年点燃了恢复龙泉青瓷的第一炉窑，龙泉青瓷传统烧制技艺得以“再生”。

龙泉青瓷传统烧制技艺是一种具有制作性、技能性和艺术性的传统手工艺，工艺流程由配料、成型、修坯、装饰、施釉和素烧、装匣、装窑、烧成 8 个环节组成，又细分不同工序，其中施釉和烧成两个环节极富特色。坯件干燥后施釉，可分为荡釉、浸釉、涂釉、喷釉等几个步骤。厚釉类产品通常要施釉数层，施一层素烧一次，再施釉再素烧，如此反复四五次方可，最多者要施釉十层以上，然后才进入正烧。素烧温度比较低，一般在摄氏 800℃左右。而釉烧则在摄氏 1200℃左右，按要求逐步升温、控温，控制窑内气氛，最后烧成成品。南宋至元代前期，龙泉窑曾烧制薄胎原釉器物，施一层釉烧一次，最厚可达十余层。青瓷烧制不仅是一种技术，而且也是一种艺术。2009 年 9 月，“龙泉青瓷传统烧制技艺”被联合国教科文组织正式列入人类非物质文化遗产代表作名录，成为全球唯一入选“非遗”的陶瓷类项目。

我们来到叶小春老师的青瓷研究所，他是冰裂纹研究第一人。古代人一直认为冰裂为上品，但制作冰裂纹的技艺十分复杂。叶小春在 32 岁时开始研究冰裂纹，查遍图片和文献，古籍里的几行描述和模糊的传真照片，成为他找回失传的冰裂纹烧制技艺的唯一资料。5 年后，经过各种失败和探索，失传将近 1000 年的冰裂纹烧制技艺终于得以“再生”。

虽然技艺得以“再生”，但冰裂纹目前并不能实现工业化生产，还得依靠匠人的多年经验。冰裂纹烧制成功的概率大约只有 30%，即使完全按照配方烧制也并不能保证成功。影响冰裂纹烧制成功的因素有很多，最主要的就是釉土，有时一个批次同一地点取的土都会有微小的差异，上一炉成功了，下一炉所有数据都不变仍有可能失败。即使在冰裂纹技艺成功恢复、获得专利之后，叶老师还有过 4 年没烧出过一炉成功作品的记录。

叶小春老师邀请我们去打开一座刚烧好的窑。窑门打开一瞬间，瓷器的釉面因为突然降温开片，发出风铃般的声音，充满生命力。置物架上还放着每一炉用来试验和记录釉土开片情况的试片。5 年的试验阶段，叶老师保存了许多试片，很多试片都没有开成冰裂纹开片。来到研究所时，我们首先听到的是青瓷被不断敲碎的声音，即使有小瑕疵也要被敲碎，令我们十分不忍。为了让从自己工作室大门送出去的都是精品，这里每天都回响着此起彼伏的瓷器破碎声音，而这属于让“龙泉青瓷”这个名字永远闪亮的“合唱”。

“万里少年团”和叶小春父子

如今叶老师和儿子叶晨曦一起，守护着跨越千年的烧制技艺。作为 90 后青瓷技艺人，青瓷对于叶晨曦有不同的含义——青瓷是家乡的感觉，从小使用青瓷饭碗、乡间路上的碎瓷片、早上起床烧柴窑的云雾缭绕都是生活的记忆。从体会不到青瓷的美，到慢慢体会到了青瓷的内涵，以青瓷为骄傲，学习青瓷制作，这就是龙泉青瓷的“在生”。

马蝗绊的复刻同样是龙泉人以青春力量守护古老文明的实例。刘杰，85 后龙泉青瓷艺术家，多年来一直探索马蝗绊复刻技艺。2019 年“天下龙泉——龙泉青瓷与全球化”展览时，刘杰去故宫博物院参观，被古人高超的技艺震撼，萌生了复刻的想法。根据肉眼看到的情况，在网络上寻找数据，但做出来后跟实物完全不一样，他就随着展览从故宫博物院，再到浙江省博物馆，不断调整改进方案。他复刻的决心让人动容，最终博物馆把红外线测量数据交给了他。经过了 500 次试烧，绝版残器马蝗绊终于在现代人手中诞生。

青瓷小镇（遗产地供图）

最初，刘杰想烧制好完整器物之后按残器的纹路敲裂，再复刻锔钉，但经过很多次尝试，发现青瓷的裂纹实在无法控制。只得在烧制前就做好裂纹，再用有金属光泽的泥钉复刻锔钉。这样，最终试验出一种看似残器实则是完整器皿的马蝗绊。

生生不息，继往开来，龙泉青瓷是“传承有序”的。在龙泉，一种传承是诞生于国营瓷厂的师传徒受，师父们在 20 世纪 50 年代末用青春和汗水恢复了龙泉青瓷烧制技艺，将这种技艺保护下来，徒弟学习和发扬师父的技艺，使其不再断档；另一些青瓷匠人则始终没有停下以宋元古人为师、从古代器物里寻找信息的脚步。大家共同的“师父”都是古人。

如今，曾经的龙泉国营瓷厂所在地已经变成青瓷小镇，老厂房中保留着大烟囱、瓷窑、水碓。青瓷铺就的地下装饰、青瓷做成的

玄关……青瓷元素随处可见。徐朝兴老师是当年龙泉国营瓷厂成立的8人小组中年纪最小的一员，明年就要80岁了，做龙泉青瓷66年。徐朝兴老师带我们看“大师墙”，这些大师都是从龙泉瓷厂走出的，其中就有徐老师的儿子、徒弟。因传承有序，他感到十分幸福，坦然地相信龙泉青瓷技艺会发展得更好。

徐朝兴老师因常年制作青瓷，手上的指纹已经被磨没了，但他认为能换出自己的青瓷人生，非常值得。在已经改造成青瓷小镇的现代化场馆里，这些工艺大师仿佛都回到了一起拼搏、只为恢复龙泉青瓷技艺的时代。这些如今年逾古稀的匠人，在这里仿佛找到了自己的青春。

师徒传承、家庭传承，龙泉青瓷技艺传承有序。80后、90后、00后的龙泉人，延续先辈的匠人精神，书写着与泥土共生的新时代

|“瓷韵”表演

故事。龙泉青瓷除了高雅的艺术瓷被博物馆、鉴藏家珍藏外，还有餐具、茶具、酒具等日用瓷，应用于日常生活中，精美的工艺瓷作为家居陈设别有韵味。为激励对龙窑烧制技艺的原真性保护，2010年，陈家窑、五股窑、金品窑3座清代古龙窑进行复烧。2017年起，龙泉每年开展约20场以“不灭窑火”为主题的青瓷传统龙窑烧制技艺活动，在保护与传承的基础上，青瓷传统龙窑烧制技艺与本土旅游相结合，为乡村振兴与文旅融合发展助力。

如今，龙泉青瓷的“引进来”与“走出去”的国际交流日趋频繁，2010年、2013年、2016年，龙泉青瓷曾三度远赴法国巴黎，续写“雪拉同”前缘；龙泉青瓷多次在世博会、APEC峰会、G20峰会等重要国际会议上大放异彩，入选世界互联网大会礼品及APEC峰会、G20峰会等国宴用瓷，甚至作为国礼。2018年以来，龙泉青瓷作为文化与旅游的宣传媒介，分别在美国纽约、韩国首尔、西班牙马德里以及捷克、日本等国家和地区先后展出，重新书写“天下龙泉”的故事。

通过两天的寻“青”之旅，我们看到了龙泉青瓷和“天下龙泉”正在生长的力量。因此我们在大窑龙泉窑国家考古遗址公园的小溪畔，组织了一场“瓷韵”表演，瓷箫、瓷管钟、瓷片琴、瓷盘……在“声如磬”的龙泉青瓷旋律中，结束了我们的探访旅程。

第八站
澳门历史城区

遗产地档案

遗产名称	澳门历史城区
遗产位置	澳门特别行政区
列入世遗时间	2005 年
遗产种类	文化遗产
世遗色	霓虹

一帆風順
澳門媽閣水陸演戲會
澳門胡氏集團
主辦
協辦
風調雨順
水陸平安
恭祝天后元君寶誕
神光普照
聖壽無疆
金龍劇團敬賀
媽祖閣
#8fd1da
#d0a844
#c92a29
#00a380
#6568a6

澳门是一座文化城市

时间：2022 年 12 月 12 日上午
地点：十月初五老街

澳门位于中国大陆东南沿海，地处珠江三角洲的西岸，东邻伶仃洋，扼珠江口的咽喉，南临南海，北与珠海拱北相连。澳门由澳门半岛、氹仔和路环岛三地组成，总面积达 32.9 平方千米。

澳门古称蠔镜。“蠔”是“蚝”的异体字，蚝的内壳平滑如镜。学者研究认为，澳门产蠔甚多，同时其南部有南北两个海湾，“规圜如镜”，因此被称为蠔镜。目前关于蠔镜最早的记载是葡萄牙人多默·皮列士于明正德九年（1514 年）所著的《东方志》：“除广州港口之外，另有一港名蠔镜，陆行三日程，海行一日一夜。”这说明蠔镜之名在明正德之前已经存在。

明嘉靖四十三年（1564 年），时任浙江按察使庞尚鹏在《陈末议以保海隅万世治安疏》中最早使用“澳门”一词。“广州南有香山县，地当渤海。由雍陌至蠔镜澳，计一日之程。有山对峙如台，曰南北台即澳门也。”清初，屈大均在《广东新语》中对澳门之名进行了解释：“澳者，舶口也。香山故有澳名，曰浪白，广百余里，诸番互市其中。嘉靖间，诸番以浪白辽远，重賄当事，求蠔镜为澳……澳有南台、北台，台者山也。以相对，故谓澳门。”根据记载，我们可以知道，澳为舶口的通称，而蠔镜澳的南北有两山对峙，形状如澳之门，称为澳门。

澳门自古便是中国的领土。公元前 3 世纪，秦始皇一统六国后澳门被正式纳入中国版图，属南海郡番禺县地。晋元熙二年（420 年），澳门属新会郡封乐县地。自南宋开始，澳门属广东省香山县。澳门半岛背靠大陆，三面环海，生存环境优越。路环岛的黑沙遗址考古出土了陶皿、石英手环断节、彩陶碎片和石斧等，还发现了一处新石器时代晚期的玉石作坊遗址。其中彩陶经鉴定，年代为公元前 4960 年—前 4430 年，这说明早在 6000 多年前，我国古代先民就曾在此居住、活动。明洪武年间，政府下诏除大横琴岛以外的地区，均允许百姓居住。至 16 世纪中期，葡萄牙人第一次登上澳门时，这里已有 400 多人居住。

黑沙遗址出土的彩陶圈足盘（遗产地供图）

随着 15 世纪末开始的航海热和地理大发现的深入发展，以葡萄牙人为首的欧洲人南下大西洋，绕过好望角，穿越印度洋，陆续抵达印度果阿、马六甲、东南亚和中国东南沿海地区。1557 年，广东布政使司正式批准葡萄牙人可以留居澳门，从此前来探险猎奇的洋人“趋之若鹜”。在那些先驱者中，除了军人、商人，还有传教士。洋人在经商传教的同时，也为传播西方文化创造了条件。

在以意大利人利玛窦为代表的耶稣会士前赴后继的不懈努力下，西方文明的成果得以源源不断地向华夏大地移植。澳门拥有众多“中国之最”，如最早的一批天主教堂、最古老的教堂遗址、最古老的西式炮台群、最古老的修道院、最古老的基督教坟场、第一座西式剧院、第一座现代化灯塔、第一所西式大学、第一所西式医院等。经过几个世纪的变迁和城市发展，这些中西式历史遗迹依然保存完好，并与现代城市环境交相辉映，延续着东西方文明交流互补、多元共生的城市文化内涵。

以往人们谈到澳门，往往首先想到这是一座“赌城”。但是，在这片土地上，各种不同的文化相遇，不同肤色的人们走到了一起。他们将各自的生活习惯、文化传统相互融合，孕育出了独特的中西文化。同时在这片土地上也诞生了无数跨越民族隔阂的家庭和超越宗教信仰的友谊，人们共同创造了和谐共存的社会。这是澳门最靓丽的底色和无形的历史遗产。

2005 年 7 月 15 日，在南非德班召开的联合国教科文组织第 29 届世界遗产委员会会议上，“澳门历史城区”没有任何争议地顺利通过审定，被列入了《世界遗产名录》，全程用时不到 10 分钟，这对世界遗产委员会会议来说实属少见。据说，当时澳门市民手中寄出了 20 万封明信片，上面写着“澳门是一座世界文化遗产城市”。我相信这是发自澳门市民心底的呐喊，澳门骄傲地向全世界递上了一张文化名片。

2005 年 11 月，世界遗产证书颁发仪式在北京人民大会堂召开，澳门特区政府行政长官何厚铧专程前来参加。我到首都国际机场迎接他，见面后他对我讲的第一句话就是：“澳门是一座文化城市，不和旁边的城市一样。”从这句话中可以看出他对自己城市的文化充满自豪，对于保护自己城市的文化遗产充满信心。

我来过澳门很多次。2011 年 12 月，我有幸代表国家文物局与澳门特区政府社会文化司签署了《关于深化文化遗产领域交流与合作的谅解备忘录》，约定每年定期举行工作组会议，评估和商讨展览交流、世界文化遗产地监测和管理、文物保护、打击文物走私等领域的合作情况和工作计划。2013 年 7 月，我又有幸代表故宫博物院与澳门特区政府民政总署签署了战略合作意向书，每年在澳门艺术博物馆举办文物展览，将中华文化的精髓以文物史料的形式展现给澳门民众，让澳门同胞更深入地了解中华民族的历史文化。

2022 年，在澳门回归祖国 23 周年之际，“万里少年团”来到澳门，希望将澳门的故事讲给大家听。

多元文化共存

时间：2022 年 12 月 12 日上午
地点：从岗顶前地至郑家大屋

最初，澳门提交世界遗产委员会的申报项目名称是“澳门历史建筑群”，这是因为澳门保留有一大批体现东西方文化交互影响和融合的历史建筑，并且文物本体保护状况良好，具备申报世界遗产的价值。

但在 2005 年 2 月，国际古迹遗址理事会建议将澳门申报项目名称变更为“澳门历史城区”。这一变更符合世界文化遗产领域的做法，例如一些国家的老城区被列入《世界遗产名录》的名称即为“历史城区”，也符合澳门此项文化遗产的真实内涵，更强调对澳门历史建筑群及其所依托历史环境的整体保护。从专业角度讲，这一名称上的变更有利于国际社会对澳门申报项目与保护状况的准确理解，从而也更有利于成功申报。因此，我们上报国务院变更申报项目名称，得到了批准。

澳门历史城区是一片以澳门旧城区为核心的历史街区，其间以相邻的广场和街道连接而成，是澳门整体形象的代表和热门旅游地

| 世界遗产监测中心大屏幕（遗产地供图）

区，包括 22 座建筑及 8 个广场前地。

“万里少年团”来到刚刚落成使用的世界遗产监测中心。在硕大的屏幕前，澳门历史城区遗产点分布一目了然。澳门目前利用手机 APP“监测云”实时系统监测遗产，一旦发现病害就会派单，调研员随即赶去检查遗产实际状况，尤其是受损和亟待维护的地方，并随时回传监测信息。于是，我和演员关晓彤跟随澳门文化遗产保护处高级技术员崔国颖，开展日常巡查，仔细观察在世界遗产视角下不一样的澳门。

在澳门，世界遗产与全城密切关联，尤其是历史城区内建筑群的风格及其空间分布，不仅融合了东西方建筑艺术的精髓，还体现出多元文化的和谐并存。我们从岗顶前地一路步行至郑家大屋，探访了岗顶前地、龙嵩正街、圣若瑟修院及圣堂、郑家大屋、大三巴牌坊等地，充分感知到了澳门的独特魅力。

岗顶前地早年是葡萄牙和外国商人聚居的地方，完全按照葡萄

| 岗顶剧院（遗产地供图）

牙人的城市格局建造。虽空间不大也不规则，但站在岗顶前地环视一周，就能发现这里距圣奥斯定教堂、岗顶剧院、何东图书馆大楼这些世遗建筑仅有几步之遥。相比热闹繁忙的议事亭前地，这里宁静的氛围更能让人感受到南欧的异国风情。

岗顶前地旁有一座建造在磨盘山上的建筑，外观犹如古希腊神庙，上部装饰有竖琴半浮雕，这就是岗顶剧院。岗顶剧院的欧式剧院建筑是澳门唯一的，也是中国第一个西式剧院。通过入口拱廊，四周墙面的镜子会映照出镜像，这种“镜厅”效果，让人想起欧洲昔日的宫殿大厅。岗顶剧院最为独特之处是剧场的两侧都有进行表演的舞台，空间设置使得观众可以体验到特别的视听效果。岗顶剧院为当时居澳葡人举办社区庆典、集会等重要社交的场所，除了表演歌舞、戏剧和音乐等，还曾放映过电影。目前，岗顶剧院仍在正常使用，是澳门当地最有特色的演出场所，也是网红打卡地。

亚婆井前地一带也保留了许多西式建筑，充满南欧风情。昔日这里因拥有天然泉水的水源，成为葡萄牙人在澳门最早的聚居点之一。今天在这个葡萄牙人的生活区旁，坐落着中国近代著名思想家郑观应的大宅，体现了澳门历史城区中西兼容、相互尊重的特点。

郑家大屋是澳门现存面积最大的民居建筑群，由郑观应之父郑文瑞始建，后来郑观应兄弟在建筑周边陆续兴建家宅而形成。郑观应是提出了著名的“商战”理论的近代思想家，中日甲午战争后的“救世良药”《盛世危言》便是在郑家大屋写成的。光绪皇帝阅读过他这部以富国强兵为主题的辉煌巨著，并推荐群臣阅读。

郑家大屋建筑为一院落式大宅，是澳门唯一的“荣禄大夫第”。现建筑占地约 4000 平方米，纵深达 120 多米，顺序为大门、辅助房区、门楼及门楼后由两座岭南传统院落式建筑组成的主房区。房区之间有宽长的通道和内院相连，而门楼则将主次建筑隔开，秩序井然。主房区南面原有一花园及若干建筑物，可惜后来出售改建为民宅。大屋虽主要以中国岭南形制构建，但却有别于一般中式民居建筑，特别是将抬梁式主厅置于二楼位置的做法更是不多见。此外，室内天花泥塑图案，门楣、窗楣的式样，以及外墙抹灰等建筑细节，也体现了外来文化的影响。

提到郑家大屋，就不得不说其修复工程，创下了多项澳门文物建筑修复史之最：时间最长——历时 8 年；规模最大——占地面积约 4000 平方米；难度最大——约 4000 平方米的建筑处处残破。可以说在其他建筑修复中遇到的困难，郑家大屋都碰上了。在郑家大屋入口处的墙上，有一个灰塑门官。在修复这入口神龛门官的过程中，修复人员发现门官上有 18 个颜色层，即旧时曾有过不少于 17 次翻新。

20 世纪中叶起，郑家后人散居各地，大屋许多空间被出租，一

郑家大屋修复前（遗产地供图）

度出现“七十二家房客”的景象，分租时期曾经容纳超过 300 人同时在内生活。建筑多处被改建或者加建，加上长期缺乏维护和保养，许多珍贵的文物惨遭掠夺，自然风化、火灾、台风、蚁害导致建筑物局部几近坍塌。2001 年特区政府取得业权后，看到的是大屋 80% 以上的地方都有不同的损毁。

郑家大屋的主体余庆堂后厅有 12 扇屏风组成的折线形寿屏，是岭南精美的木雕工艺作品，也是整座郑家大屋现存最为华丽的木雕。而其中最富丽且具备岭南民居特色的装饰，当数蚝壳窗。蚝壳窗是采用打磨成半透明薄片状的海洋贝类壳片，镶嵌在木框上加工制作成窗户，光线下折射出七彩光华，而且冬暖夏凉，为岭南沿海一带具有地域性文化特色的传统建筑装饰。但是当 2001 年特区政府接收郑家大屋时，面对的是一片残破，令人惋惜。

对于郑家大屋的了解和保护，既让我们感受到澳门宗教建筑的艺术之美，也让我们明白了文物建筑的脆弱性，其衰朽虽有“年纪老迈”的原因，但缺少关注和保养才是主因。修复一座文物建筑要比新建一座建筑困难得多，因为每一步操作都可能造成不可逆的伤害。既需对传统技术有充分认识，也需对现代建造技术有充分理解。当然，对建筑的历史、人文及艺术价值的认识和认同也是必需的，甚至是修复的前提。相对于技术而言，文物工作者更需怀有一颗尊重和谦卑的心。

郑家大屋的修复工作可以说是文化遗产保护的优秀案例，值得广泛学习。在修复工程展开前，修复人员首先清理堆积如山的垃圾，在垃圾中小心筛选，找回许多缺失的建筑构件、生活用具和器皿，这有助于对建筑物原状的进一步理解。昔日，郑家大屋不仅作为租客的“家”，还有很多人在这里开展炮竹业、火柴业、神香业劳作，甚至大屋里曾经还有一个胡椒粉厂。这些都是一个社会时期的缩影，保留有生活的记忆，因此在修复郑家大屋时，刻意保留了一些那个年代、那些人留下的印记。澳门居民以及海外华侨还发起了一场运动，呼吁归还或捐赠有关郑观应生活工作的散落物品及有价值的文物，以完成对郑家大屋的修复。

文昌厅为旧时郑氏族人读书的场所，厅堂外通过月洞门可前往大花园。现在的文昌厅经过修复之后，用于展览郑观应生平事迹。月洞门两侧的对联装饰，上联为“现阴阳而合□”，下联为“借楼阁以撑天”，横批“琴棋书画”。上联最后一字缺失无法考证，但能从对联意境窥探出主人对后代读书考取功名的殷切希冀。上联本来是缺两个字，即“现阴阳而□□”。后来，一张回归前拍摄的照片显示倒数第二个字是“合”，修复人员便按照片重塑“合”字。至于最后一个字是什么，现在还没有明确的证据。

郑家大屋修复后（遗产地供图）

有人说最后的字是“一”，因郑观应信奉道教，而阴阳合一为道教所推崇。但也有人说是“地”字，下联是“借楼阁以撑天”，“地”与“天”对仗，似乎也有道理。但由于没有质证，最终选择了留白处理。这为游客保留了一点遐想和意境，也是保持遗产真实性最好的方式。真实性原则不是要求修复还原建筑的初始模样，而是要保留时间经过的全过程，让建筑更有历史的厚度，更具趣味性，更有故事性。

2010 年 2 月 5 日，修复后的郑家大屋正式对外开放。那天吸引了大批市民前来，听说许多是曾经的房客，大家都兴奋无比，可见民众对郑家大屋的关注。从他们的交谈中得悉，大屋于他们而言既熟悉又陌生，他们居住时大屋是残破和零乱的，许多地方更可能是神秘不可近。修缮后还原其真实的空间特色，他们也许此刻才感受到大屋的建筑及空间之美。

“万里少年团”在大三巴牌坊

在一众欧式风情的建筑中，郑家大屋得以保留具有重要意义。它的存在印证了中西文化在此既有界限亦有融合，形成了今天独有的“澳门特色”。

澳门地标大三巴牌坊更是中西文化交融的代表。大三巴牌坊其实是圣保禄学院天主之母教堂正面前壁的遗址。1835 年，圣保禄学院发生大火，学院以及大部分建筑被毁，但教堂前壁仍然屹立不倒，因为外形很像中国式牌坊，再加上“三巴”是葡文“圣保禄”的译音，前壁遗迹就被俗称为“大三巴牌坊”。

这座巴洛克式前壁上最独特的地方，就是它采用了诸如“圣母踏龙头”“念死者，无为罪”等中文字，相对于欧洲教堂建筑上的人物形象，大三巴牌坊则采用了中国憨态可掬的石狮子滴水，以及中国人熟悉喜爱的牡丹和菊花等图案，体现了天主教适应中华文化的过程。而大三巴牌坊作为最鲜明的中西文化融合实例，还在于与它数米之隔的道教庙宇哪吒庙。不同的宗教在同一空间共存，见证了西方文化与中国文化的碰撞与对话。

400多年间，在这块城区内，来自葡萄牙、西班牙、荷兰、英国、法国、意大利、美国、日本、瑞典、印度、马来西亚、菲律宾、朝鲜甚至非洲地区等不同地方的人，带着不同的文化思想，不同的职业技艺，不同的风俗习惯，在澳门历史城区内盖房子、建教堂、修马路、筑炮台以至建坟场，展开多姿多彩的生活。尤其是葡萄牙人在澳门的建筑物，无不显露出与葡萄牙本土建筑的密切关系，并结合亚洲其他地区不同的建筑元素在澳门产生了新的变体，形成独树一帜的建筑风格。

澳门历史城区保存了澳门400多年中西文化交流的历史精髓。它是中国境内现存年代最远、规模最大、保存最完整和最集中，以西式建筑为主、中西式建筑互相辉映的历史城区；是西方宗教文化在中国传播历史重要的见证，更是400多年来中西文化交流互补、多元共存的结晶。所以多元文化在这片土地的和谐共存，恰是此处最大的文化魅力所在。

葡式风情

时间：2022年12月12日下午
地点：议事亭前地、玫瑰堂

很多岛外人认为“大三巴”是澳门的市中心，但在历史上，澳门的城市规划布局是从与岗顶前地连接的龙嵩正街开始的，而如今

白鸽巢前地（遗产地供图）

澳门人心中的城市中心则是议事亭前地、板樟堂前地。这体现着澳门的多元魅力。于是，陈赫、牛骏峰、唐九洲走进澳门城市中心，细细感受。

在澳门历史城区世界遗产中，除了文物建筑外，另一个重要组成部分就是“前地”，其实就是小型公共广场，与历史建筑组成和谐优美的文化景观，同时保留了近现代澳门居民社区建设及生活方式等历史信息。例如，列入世界遗产的 8 个广场空间——妈阁庙前地、亚婆井前地、岗顶前地、议事亭前地、大堂前地、板樟堂前地、耶稣会纪念广场及白鸽巢前地。许多历史建筑都是环绕“前地”修建的。

议事亭前地位于澳门半岛中区新马路旁的民政总署大楼前，面积 3700 平方米，是澳门四大城市广场之一。因前地中央建有一座喷水池，也被当地居民俗称为“喷水池”。议事亭前地两侧建筑建于 19 世纪末 20 世纪初，北连板樟堂前地，南临新马路，南阔北

| 议事亭前地（遗产地供图）

窄，平面呈狭长的三角形。历来上任的澳门总督都要在此举行就职仪式，检阅澳门的驻军。

自开埠至今，议事亭前地一直是澳门的市中心，在这里政治（市政署）、商业（营地集市）、宗教（仁慈堂、玫瑰堂）三位一体，而这正是南欧中世纪城市中心空间的特征。议事亭前地深受葡萄牙里斯本罗西欧广场的影响，是澳门葡式风情的典型代表。葡萄牙碎石路是一种镶嵌艺术。20 世纪 90 年代初，澳葡政府聘请葡萄牙技师以黑白相间的葡式碎石铺砌广场和周边街道，并砌成波浪形图案，衬托周围颜色鲜艳的文物建筑，互相辉映，使前地一带显出浓浓的南欧风情。后来碎石路范围不断扩大，包括妈阁庙前地、岗顶前地、澳督府前地及部分公园等都铺上了碎石。

与之类似，葡萄牙瓷砖画也在澳门广为流行。葡萄牙瓷砖画在中世纪时先由穆斯林使用，葡萄牙人将此瓷砖工艺大量应用于建筑

瓷砖画（遗产地供图）

墙壁装饰上，以拼贴出几何和花草植物图案。至 17 世纪末，受到中国青花瓷的影响，白底蓝色的瓷砖画逐渐流行并成为葡萄牙瓷砖画的典型色彩，并加入更多的故事性和宗教性的图案内容。至今澳门一些路牌、教堂或建筑物壁画仍保存有昔日的葡萄牙瓷砖画作品，葡萄牙瓷砖画的元素也被广泛使用在当地建筑设计及宣传纪念品设计上。至今，部分艺术工作者仍在从事葡萄牙瓷砖画的创作或经营工作坊。

说到澳门的葡式风情，美食不可或缺。16 世纪初葡萄牙人乘船东来，沿着非洲西海岸，绕过好望角，经过印度、马六甲到达澳门，他们将非洲和亚洲不同地区、不同民族、不同文化的生活方式和饮食习惯糅合在一起。目前在澳门的主要留存之一就是“土生葡人美食烹饪技艺”。土生葡人美食以葡萄牙式烹调为基础，融合非洲、印度、马来西亚以及当地华人饮食所用的物料及烹调方式，结合各地烹调所长，展现出独特的发展形式，是经历数百年融合而成的一种饮食文化。

正宗的葡萄牙菜味道极咸、极甜、极酸，口味喜浓烈，以烧、焗、烤、烩等为主要烹调技法。土生葡人烹饪技艺则融合中西。“葡国鸡”是土生葡人首创性地融汇了中式烹调鸡的烧法，加入东南亚的香料，最后用西式烹调的烤法制成；“焖烤猪肉”则采用中国传统的烧法，将肉煮熟，放在猪油中炸至焦黄，然后使用葡萄牙菜常用调料胡椒、藏红花、桂叶和蒜末等；“什锦饭”更是一道中西合璧的主食，以番茄汁调味的米饭为主，配以大香肠片、中式火腿、鸡肉、葡萄干、煮熟的鸡蛋、土豆和炸面包干等。

据《香山县志》记载，洋枯（竹枯）“来自洋舶，土人有种者”；菽和兰豆“近数十年得种于澳夷，今处处种之”；薏苡“出外国，曰洋葱苗”；耶珠菜（蕃荠兰）“其种来自蕃舶，夷人多种之”。青豆、莴苣、洋葱、甘蓝、水田芹、菠萝和番荔枝最早均由葡萄牙人带入。葡萄牙的腊肠、黑水榄、清水榄、橄榄油等已经成为澳门美食的主要原料。马介休，来自葡语 Bacalhau，鳕鱼经盐腌制但并不风干保存而成，被誉为葡萄牙人的国宝级食材，也是诸多澳葡菜的主料，配以东方的食材如米饭等，制成的马介休炒饭堪称一绝。

另外，葡萄牙人在航海途经之地——印度和东南亚等地搜集的各种香料，如咖喱、肉桂、胡椒、肉豆蔻、姜黄等也被广泛用于澳葡式美食的制作。中国广东地区的腌菜、咸鸭、咸菜、葱、腊肠、火腿、米粉等也常常成为饭桌上的主角。

美食是澳门扬名于世的一张闪亮名片。方寸之间的澳门，小街窄巷的片隅之地，林立着目不暇接的街头美食：水蟹粥、杏仁饼、虾仔面、木糠布丁、手打咖啡、马介休、蛋挞……传承古早、融汇东西、万象纷呈。从早餐到宵夜、从茶餐厅到大排档，街头小吃缭绕着澳门人家的日常烟火，承载着澳门人对美好生活的无限向往，

“万里少年团”与土生葡人聚会

也成就了澳门独具魅力的市井风情。

澳门致力于保存澳门土生葡人美食的深厚文化底蕴。澳门土生葡人美食烹饪技艺已被列入澳门非物质文化遗产名录；澳门特区政府举办“澳门国际美食论坛”，推出澳门土生菜数据库，为餐饮业界推出网上教学影片，开设工作坊和举办讲座等；同时，澳门特区政府在多项盛事活动中加入美食元素，推动美食与跨领域创意融合。2020 年 11 月，澳门旅游局联同澳门旅游学院、文化局及澳门国际研究所等单位推出网页版的澳门土生菜数据库，并在澳门旅游学院图书馆设置澳门土生菜数据库专题室，提供一系列珍藏食谱、手稿、土生菜书籍及刊物等，让 400 多年的美食文化传统得以传扬。

2017 年，澳门被联合国教科文组织评为“创意城市美食之都”。2021 年，“土生葡人美食烹饪技艺”成功入选国家级非物质文化遗产代表性项目名录。未来，澳门美食会成为更多人的乡愁记忆，也会有更多人通过美食了解澳门，爱上澳门。

物质遗存由文化个性塑造

时间：2022 年 12 月 12 日下午
地点：澳门理工大学

人们常说澳门有三张名片：一是 2005 年，澳门历史城区被列入《世界遗产名录》，成为中国第 31 个世界文化遗产；二是 2017 年，联合国教科文组织授予澳门“创意城市美食之都”称号；三是澳门多彩的非物质文化遗产，澳门的文化便蕴含在这些珍贵的文化遗产中。

自 2006 年国务院公布第一批国家级非物质文化遗产代表性项目名录至今，澳门共有 11 个项目成功入选，分别是由粤、港、澳三地共同申报的粤剧和凉茶制作技艺，由澳门独立申报的木雕（澳门神像雕刻）、道教科仪音乐、鱼行醉龙节、南音说唱、妈祖信俗、哪吒信俗，以及土生葡人美食烹饪技艺、土生土语话剧和土地信俗。

何谓土生土语？它是土生葡人的日常沟通语言，其基本词汇以葡萄牙语为基础，夹杂着马来语、粤语、英语及西班牙语，可说是语言的大荟萃，也是东西文化融合的代表。每年的澳门艺术节上，必有土生土语话剧作为保留节目，维系着土生葡人的澳门情怀。

南音说唱则是一种原生态的说唱体民间歌谣，20 世纪 50 年代曾一度兴盛，由港澳电台广泛传播。在电影《胭脂扣》中，男女主角出场那一段哀婉多情的对唱：“凉风有信，秋月无边。亏我思娇的情绪，好比度日如年……”就是地道的广东南音风格。

如果你在农历四月初八来到澳门，很可能会在街上看到这样的

丨妈祖信俗（遗产地供图）

场景：一群上身穿白色衬衫、下身着黑色灯笼裤、腰间系红色腰带、左手和头上缠红纱的男子穿街而过，他们手持木制龙首或龙尾，在锣鼓声中边行进边作醉酒状的舞姿，不时抓起大碗一饮而尽、对空喷酒，围观人们阵阵叫好……这便是澳门的舞醉龙了。

舞醉龙习俗源自数百年前的“醉龙传说”。据传，广东省香山县（辖区包括今中山、珠海、澳门等地）曾发生瘟疫，乡民于农历四月初八求助佛祖，当抬着佛像路经河边时，河中突然跃出一条大龙，一位正在喝酒的和尚见状上前，将龙截为三段，凡龙血所流之处，长出一种称为栾樨树的小灌木。乡民舀溪水配以栾樨叶饮用，百病消除，遂认定大龙为神龙降凡普度众生，以舞三截龙答谢神恩，且为纪念和尚醉酒弄龙，舞龙者灌酒至酩酊，以显虔诚。自此之后，每年都有舞醉龙之习俗，并伴以煮龙船头饭，祈求消除百病，老少平安，更以栾樨叶做成栾樨饼，作为应节小吃，以图大吉大利。

| 鱼行醉龙节（遗产地供图）

早期舞醉龙在澳门鲜鱼市贩职工联合会举办的“澳门鱼行醉龙醒狮大会”中进行，由鱼栏及鱼贩捐资主办，澳门鱼行行友们秉持“代代中华根，辈辈鱼行魂”的信念，坚守醉龙传统，后来逐渐演变成澳门鲜鱼行同业间团结象征的节庆活动，称为“澳门鱼行团结日”。2011 年，“鱼行醉龙节”入选第三批国家级非物质文化遗产代表性项目名录，标志着这个活动由行友的定期团聚，逐渐形成共同参与、固定的节庆，随后更辐射到社会不同阶层，成为独具特色的澳门民间传统节庆活动。

土地信俗在澳门也由来已久，是促进邻里团结，增进居民对社区认同感、归属感的重要媒介，是中华传统民俗文化在澳门一脉相承的重要体现。数百年来，澳门华人为保一方水土平安、邻里和睦、家财旺盛、社区繁荣，以各种形式供奉土地公，形成了世代相传的民间信俗，并以农历二月初二的土地诞为年度重点活动。和鱼行醉龙节、土地信俗一样，妈祖信俗、哪吒信俗等民间信俗，都已根植澳门社会数百年。这些非遗项目随着时光演变，已不仅仅是单纯的民间信仰，更传递出团结协助、和谐共荣的积极意义，在澳门影响深远。

葡萄牙土风舞源自葡萄牙农村地区的群体舞蹈，结合传统民族舞蹈、民谣歌唱及奏乐之艺术表演，随葡萄牙人传入澳门，发展过程中不断融入本土文化元素，表演者包括葡萄牙人、土生葡人、华人及其他族群。其表演形式常以一对男女舞者为一组，可以是数组至数十组，演奏乐器包括小提琴、手风琴、小四弦琴、口琴、大鼓等十多种，而乐曲多以反映人民生活或表达情爱的民谣为主，亦有土生葡语或国语版的民谣，葡萄牙土风舞强调集体性，表演过程中需舞者、乐手及歌者三方相互配合，在轻快的节奏下演出。

澳门丰富的物质遗存由当地自古至今独特的文化个性所塑造，例如妈阁庙、哪吒庙等文化遗产中，蕴含着澳门大量独具特色的非物质文化遗产。澳门特区政府在实施文化遗产保护中，采取物质与非物质遗产相结合的手法，使历史建筑和场所与其文化内涵相互印证，让人们不但可以感受物质文化遗产带来的空间体验，而且可以领略非物质文化遗产所添注的真实故事与场所精神，两相结合达到彰显世界文化遗产突出普遍价值的目标。例如哪吒展馆项目，将毗邻大三巴牌坊的哪吒庙通过展览馆的建设，强化“哪吒信俗”非物质文化遗产保护意义，从而提高居民与观众的文化体验与价值认识。

澳门历史城区是城镇类的人居型世界文化遗产，具有本地特色的传统风俗、宗教信仰、手工技艺、烹饪技术与灿烂的物质文化遗产相关联、补充，体现了澳门历史城区突出普遍价值所在，因此对于非物质文化遗产的保护与传承，在澳门文化遗产保护法规中占有重要的地位。物质与非物质文化遗产相结合的保护政策，使澳门的文化遗产完整而全面地保存和延续。同时，澳门特区政府致力于整理、保护、弘扬和建立澳门的非物质文化遗产名录，并以多方面的宣传及教育活动，实现其文化内涵的传播、展示和推广，使传统文化在保持其价值特征的前提下恢复生命力，使其真正“活”起来。

第九站
海上丝绸之路·澳门

遗产地档案

遗产名称	海上丝绸之路·澳门
遗产位置	澳门特别行政区
遗产种类	文化遗产
世遗色	海天霞

#d0c1d2
#bc7850
#9d5772
#3854a4
#552c46

2000年丝路史，600年航海纪

时间：2022年12月13日上午
地点：澳门博物馆

在澳门博物馆，有一组对比展览。一边是葡萄牙的卢济塔尼亚武士，另一边是中国类似兵马俑的石雕；一边是16世纪，欧洲人开启全球航路的大航海时代，另一边是中国的秦汉时期，海上丝绸之路就是这个时期诞生的，一直绵延近2000年。

我们常说澳门是海风吹来的城市。大航海时代的风把葡萄牙人的克拉克大帆船吹到这里，大帆船上的压舱石就成了脚下的铺路石。议事亭前地碎石路也是以波浪线为元素，使人感受到海洋的气息与韵律。但是这个海风不仅仅是大航海时代带来的。澳门背靠珠海、广东，靠着强大的祖国，海上丝绸之路的历史给予它很深的文化底蕴。

海上丝绸之路是始于我国，连接亚洲、欧洲、非洲，沟通太平洋、印度洋、地中海的一条巨型文化线路。一般认为，海上丝绸之路始于汉，兴于唐，盛于宋、元。史实证明，我国的丝绸连同养蚕、缫丝、织绸等生产技术，早在周、秦时期就已经通过海路传播到朝鲜半岛，到汉代又从朝鲜半岛传到日本。同时，在汉代丝绸作为商品也传播到东南亚和南亚的一些国家。而从考古学上所见的海上丝绸之路，已远远超出文献记载。考古发现，早在公元前5世纪前后，中国丝绸就开始流传海外，其生产经验和技术也随之传播四方，东经朝鲜半岛至日本，北越阿尔泰山脉至俄罗斯腹地，西经中

澳门博物馆中西方对比展陈（遗产地供图）

亚到西亚，再传至欧洲，西南则输入印度，尔后通过海路传遍东南亚，更远及非洲、拉丁美洲，有力地促进了世界文明和科技的发展。

“海上丝绸之路”与“陆上丝绸之路”不同，它以对外港口为基点，其发展取决于造船和航海技术的进步。在宋代，陆上丝绸之路曾被西夏政权切断，因此海上丝绸之路的地位进一步上升，在历史上第一次取代了陆上丝绸之路的“统治地位”。特别是宋高宗时期组建船队，改善港口，在海岸线上每隔一段距离建立灯塔导航设施系统，中国由此进入海外贸易的黄金时代。明代大航海家郑和从1405—1433年先后7次率船队远航，航线遍及亚非30多个国家和地区，最远到达非洲东岸和红海沿岸港口，每到一地都以中国的丝绸、瓷器等物换取当地的特产或馈赠当地的国王。另一方面，欧洲人也随着航海热和地理大发现的深入发展，来到中国东南沿海地区。

澳门在明代是珠江口外的一个泊口，后成为外国商船过往的临时停泊处。17 世纪末的《葡萄牙的亚洲》一书对当时的澳门这样描述：“这里是中华帝国最繁荣的港口。仅葡萄牙人每年就从这里运走五万三千箱丝织品，各重十二盎司的金条三千二百个。”澳门繁荣的海洋商贸由此可见。

在明代，葡萄牙人在澳门主要经营三条航线：第一条，从澳门至印度果阿，再至葡萄牙里斯本的亚欧航线；第二条，澳门至日本长崎的东亚航线；第三条，澳门至菲律宾马尼拉，再至墨西哥的亚美航线。1557—1641 年是澳门对外贸易的全盛期。葡萄牙人将中国的生丝、绸缎、棉布、织品、黄金、矿产、瓷器、药材等运往世界各地，又将中国需要的白银、香料、象牙等运到澳门，然后转入中国内地。

1602 年，荷兰东印度公司在海上捕获一艘葡萄牙商船——“克拉克”号，船上装有大量来自中国的青花瓷器，因不明瓷器产地，欧洲人把这种瓷器命名为“克拉克瓷”。20 世纪 80 年代中期，阿姆斯特丹举行题为“晚到了 400 年的中国瓷器来了”的大型拍卖会，拍卖品均是从 16—17 世纪沉船中打捞出来的中国瓷器，其中不乏被称为“克拉克瓷”的青花瓷器。

1744 年，瑞典东印度公司大班柯林·坎贝尔订购中国丝绸和黄金。1745 年 1 月，“哥德堡”号从广州启程回国，8 个月后航行到距离瑞典哥德堡港 900 米时，船头触礁，随即沉没，当时抢救出来的茶叶、丝绸、瓷器在市场中销售后，竟然足够支付这次广州之旅的全部成本，而且还稍有获利。

澳门，大航海时代种下的一粒种子，拥有 2000 年丝路史，600 年航海纪，海关关口、船厂、码头等海洋元素留下了澳门人与海洋互相哺育的记忆和情感。澳门扎根祖国，海上丝绸之路打造了独特的世界贸易格局，为澳门的发展蓄能储量，向着世界延伸。向海而生，因海而兴，这里就是澳门。

澳门的海洋元素

时间：2022 年 12 月 13 日上午
地点：澳门科技大学、妈阁庙、东望洋灯塔

澳门科技大学图书馆自 2013 年起，前往世界各地收集与澳门相关的古地图，现已藏有地图 2000 多张。自 16 世纪以来，澳门是中国城市中第一个融入全球化体系的，以澳门为线索收集的大量地图，都跟中西文化交流有关。

我们正好碰到图书馆正在举办澳门港城图的古地图展，副馆长杨迅凌老师给我们展示了几幅地图:《天下九边万国人迹路程全图》，这幅明代中国人绘制的地图中，中国地域面积占到 90%，但却是一份世界地图，标示着地中海，有大西洋、日本等，虽然体现的是当时中国的天下观和以中国为中心的认识，但对周边国家大概位置判断是准确的;《坎提诺世界地图》，这幅 1502 年葡萄牙绘制的世界地图，图中罗经花（海图的罗经指向，形态像是一个罗盘）标示了北和东的方向，因为当时开辟新航路就是要向东航行，这个时期西方地图都会标出东的方向；第三幅图是 1615 年葡萄牙人绘制的澳门地图，上面明确写着澳门是中国的城市，这幅图显示了葡萄牙人对澳门的认知。

地图以一种最为直观的方式，体现了人类对世界的观察与认识。

杨迅凌向“万里少年团”展示澳门古地图

航行的地方和路线其实都可以通过地图的变化反映出来，特别是人类的海洋文明。地图绘制得越精细，说明我们的航线越清晰，贸易就越频繁。

《坤舆万国全图》是一幅让中国重新认识世界的中文版世界地图，被历代史家认为是中西文化交流的结晶，通幅纵 168.7 厘米，横 380.2 厘米。图面由主图、附图和说明文字构成，内容丰富。主图为椭圆形的世界地图，涵盖五大洲——欧逻巴（欧洲）、利未亚（非洲）、亚细亚（亚洲）、南北亚墨利加（南、北美洲）、墨瓦腊泥加（南极洲），四大洋——大西洋、大东洋（太平洋）、小西洋（印度洋）、冰海（北冰洋），以及赤道、昼长线、昼短线（即南、北回归线）、极圈、南北极等地理信息。各大洋绘有各种帆船共 9 艘，鲸、鲨、海狮等海生动物共 15 头，南极大陆上绘陆上动物共 8 头，有犀牛、象、狮子、鸵鸟等。

中国传统文化视中国为天下、为海内、为六合，天下之外为四夷，四海之外为诸夷，在《坤舆万国全图》上中国不再雄踞于世界中心。虽然为了迎合中国人的观念，地图将本初子午线向左移动了 170 度，使中国居于中心位置，但显然中国与其他很多国家一样散落在一个圆球上，体现了随着航海的发展，人类的认知不断完善。

妈阁庙是澳门现存庙宇中有实物可考的最古老的庙宇，也是澳门文物中原建筑物保存时间最长的。该庙包括“神山第一”殿、正觉禅林、弘仁殿、观音阁等建筑物。澳门人自古就崇拜海神。澳门人信奉的海神就是被供奉在妈阁庙中的妈祖。从明代起，每逢农历三月二十三日海神生日那天，这里都要举行盛大的祭祀活动。

其实，妈阁庙中的妈祖文化在中国各个沿海城市都能看到，但是澳门的妈阁庙是世界文化遗产，不仅是因为它在西方文明来到后的几百年依然能够保存完整，更因为它以海洋为载体，是记录中西文化相互共续的实物遗存。

妈阁庙内文物古迹甚多，其中“三奇石”——洋船石、海觉石和蛤蟆石最为出名。洋船石因石上刻有一艘出洋的海船而得名。海船刻画精致，篷舱齐全，有桅杆三枝，船头刻“大服”一对，俗称“大眼鸡”，这是中国古代帆船的形态。桅杆上书“利涉大川”四个大字，表达大海上贸易利润丰厚，无往不利。澳门的先民们以海为生，以船为家，船是渔民们的重要财产。洋船石是澳门以海上贸易而兴的证明，也是澳门贸易“华洋”共建共生的写照。洋船石原本只有一块，就在石殿旁，毗邻正觉寺院，临近海边，已有 400 多年历史。清代同治年间，有人在大殿侧空阶中又刻了一艘海船。这两艘洋船都与妈祖的传说有关。海觉石在娘妈角左，壁立数十丈，有

洋船石

墨书“海觉”两字，字径逾丈。

蛤蟆石原在庙门前海滩上，其形椭圆，颜色青润，每当风雨潮汐会发出咯咯的声音，恰如蛤蟆叫声。相传，蛤蟆石刻有“妈祖阁渡头”。此渡头是葡萄牙人初来澳门时登岸的地点。据说 16 世纪葡萄牙人几经周折到达澳门时，最先映入眼帘的建筑就是妈阁庙。询问当地人这是哪里，当地人告知此地名为妈阁，Macau（妈阁的粤语音译）的名字由此而来。

圣老楞佐教堂是澳门三大古老教堂之一，建于 16 世纪中叶。由于靠近南湾，每当出海船只归澳之时，海员家眷即站在教堂台阶上等候，祈求平安归来，华人称之为“风顺堂”，有祈求“风调雨顺”之意。教堂设计精巧，门前左右两排石阶直达大门，巨大的梁柱和精美的吊灯颇具豪华博大之气派。教堂屋顶为中国式的金字瓦面，室内装饰也充满了东方色彩，古雅逸趣。祭坛内供奉的圣徒老

| 圣老楞佐教堂（遗产地供图）

楞佐神像，衣袍绚丽，一手持《圣经》，一手拿法杖，庄严肃穆。在航海的葡萄牙人心目中，他是庇佑平安、赐予风信之神。

澳门是沿海城市，昔日不论葡商出海贸易还是渔民出海捕鱼，均离不开航海。“行船跑马三分险”，华人会在妈阁庙祈求出海的亲人平安归来；葡人则会在圣老楞佐教堂祈祷顺风顺水、庇佑平安。圣老楞佐教堂就相当于西方的海神庙。东西方两种不同的文化，在航海中找到了共鸣。

有航海就会有灯塔。在东望洋山顶的圣母雪地殿圣堂的左方，屹立着中国沿海地区最古老的灯塔——东望洋灯塔，其所在地面位置之坐标值亦为澳门于世界地图上之地理定位。

东望洋灯塔建于 1864 年，初期灯塔总高 15 米，砖石结构，于 1865 年 9 月 24 日开灯，向澳门周围的海面循环扫射，昼夜不停。塔身为白色的圆柱形，带着黄色的线条点缀，塔尖为红色。灯塔总

| 东望洋灯塔（遗产地供图）

共分为四层，第一至三层在灯塔内部，第四层为灯塔射灯和眺望台。灯塔附近悬挂各种防风讯号，当台风来时挂上不同级数的风球，作为警示。灯塔最初使用火油灯，后改用巴黎运来的新机件。1874 年 9 月，灯塔遭遇了澳门空前狂暴的台风而被毁。1910 年 6 月，东望洋灯塔以新式机器，配上法国反射镜重放光明。重修后的反光镜设计巧妙，架设在一个圆形轨道上，由钢缆连动轴心，在灯塔顶端袋的重力作用下慢慢下沉，带动轴心，使反射镜沿着轨道四周转动。1975 年改为电动转动。

澳门位于海岸带地区，其自然与人文遗产具有典型的海洋性特征。海岸带是一个复杂开放的系统，也是海洋文化遗产分布最为密集的地方，这些海洋文化遗产是海岸带居民长期以来在接触海洋、利用海洋的实践过程中创造的宝贵财富，具有重要的历史、科学、艺术和社会价值。

大船变成小船，延续船的记忆

时间：2022 年 12 月 13 日下午
地点：荔枝碗造船厂工业遗址

澳门有现代都市的繁华热闹，也保留了乡村的静谧悠然。路环是澳门最具乡村特色的地区，虽然距离酒店云集的金光大道只有约 4000 米，到了这里却宛如换了个天地，林荫、平房、窄巷、小店浑然一体。要知道，澳门起源于一个小渔村，码头文化鲜明，小镇生活平静，所以这里才是澳门“最初的模样”。

炮竹、神香、火柴、造船业是澳门四大传统手工业。其中，澳门造船业在明代已有记载，主要因澳门的渔业发展而兴起。造船技术是在开埠初期引进的，当时以我国泉州港为造船中心，福建商人来澳贸易的同时也带来了造船技术及经验。在造船业兴旺时期，澳门曾经有 1000 多个造船师傅，多达四五十家船厂坐落于澳门半岛的西北岸，以制造渔船、虾艇及鱼拖等木船为主。

在路环的船人街，由这一街道名称就可以看出这里的城市历史。船人街的居民最初都是因为船厂兴盛而在船厂周边定居，形成了船厂为中心的村落，周边的路面自然受到船厂和船人生活的影响。此外，十月初五马路在开辟前是渔船和商船聚集的海湾，计单奴前地附近更有两处以船铺来命名的街道——船铺街和船铺巷。所有的这些，都在共同讲述着澳门造船业曾经影响几代人的繁荣。

荔枝碗是路环岛西岸的小村落，地理位置优越，隔海遥看珠海

澳门路环渔村（新华社供图）

横琴半岛、澳门大学新校区。在这里我们可以看到五彩斑斓的铁皮小屋，一层或二层错落有致，还有欧风十足的烟囱和邮箱。不宽的水域和更窄的马路之间，锈迹斑斑的船坞一座连着一座，“上有天棚、下入水中”是船坞的标配，显眼处还残留着“某某号船厂”的红色大字。

造船厂的集中地一直以澳门半岛为主，而路环荔枝碗船厂区是于 20 世纪 60 年代开始发展的，早期只负责船只的简单维修及制造小型抛网艇，主要的客源是来自路环岛上的渔民。在祖国大陆实施改革开放前，澳门及香港的捕鱼业相比内地更为发达，带动渔民修造船只，荔枝碗船厂也在此时进入造船时代的全盛时期。全盛时，荔枝碗一共 13 家船厂，靠着濠江依次排开，号称“十三太保”，几百工人，一年能造上百艘船。20 世纪 90 年代全澳的造船厂由政府规划为高端服务业区域，地价迅速起飞，澳门半岛和氹仔的船厂搬迁到路环荔枝碗村的西北部，全澳的造船厂只剩此处继续营运。21

世纪初，马来西亚及印度尼西亚等造船木材提供国开始保育原始森林，木材价格大幅上升，再加上本澳渔业衰落及内地造船业竞争激烈，荔枝碗船厂区逐渐式微。2006 年最后一艘渔船下水，标志着澳门传统造船业的终结。

我们来到荔枝碗造船厂工业遗址。这里以铁皮、木构为主的建筑大部分空置且年久失修，船厂结构和造船工具基本保存完好，与造船产业链相关的嶓木厂、拆船厂以及造船工人生活的船人街依然保存完整。荔枝碗造船厂工业遗址体现了 20 世纪中后期的造船工艺、因造船业而形成的荔枝碗村的生活脉络及村落形态，以及整个片区的景观脉络，特别是其亲水和亲山关系。路环岛为澳门仅有的绿地空间，全澳门约 70% 的绿化面积位于路环，一向被誉为“澳门的市肺”。近年来城市化发展迅速，而路环依然保留着原有的山海自然风光，这是值得珍视的财富。

其实，荔枝碗船厂除了作为文化遗产，还是汇聚人们“集体记忆”的场所。荔枝碗有一家上过央视、得到明星追捧的汉记咖啡。老板“汉哥”梁金汉原来就是船厂的工人。他 15 岁就跟随父亲从中山神湾来到这里，从一名学徒成为一名经验丰富的造船师傅。1986 年因为一次事故，他的手臂伤了动脉，不能继续从事造船业。他不甘心截肢，更加不愿意离开船厂。因为当时船厂大量工人有喝咖啡的习惯，所以他拿出一半自家住房和院子，于 1991 年开起咖啡大排档的新事业。这样可以复健、再就业，更方便了与船厂老友们继续往来。

一开始，生意不温不火。直到一个偶然的机会，2004 年一位也曾重伤的赛车手因投缘和感动，教给他手打咖啡的秘方。因为手打咖啡有利于手部功能恢复，他便开始学习，却意外地造就了咖啡的独特口感，增加了卖点。手打咖啡的特点在于以每分钟 400 转的速度将速溶咖啡、砂糖和开水打发，达到反转杯子而咖啡不流出来的浓稠度才可以，不仅质感类似花生酱，而且口感浓密，细致幼滑。

汉记咖啡身处澳门废弃船厂区，装修简朴，只是用木头、铁板撑起的一片区域而已，但是依然吸引了一批又一批的顾客慕名而来。除了手打咖啡，这里多年来还一直制作简单饱腹、价格实惠的“船工餐”，比方说同样受到顾客追捧的鸡排公仔面。荔枝碗的造船业已经终结，但是一份船工餐承载了时代的记忆，延续了历史，更承载着梁金汉对“船工”身份的自豪。

在造船业的全盛时期，大量造船工匠为生活纷纷而至，热闹非凡。随着行业的凋敝，越来越多的人离开，但梁金汉却选择留在这里。他说自己从来没有离开过船厂，无论是身体还是心理。他每天都会坚持去检查船厂的安全，街道周边的人也都很关心船厂的未来。面对文物保护项目逐渐开始施工，他们都希望遗址能被保护下来，因为澳门人与船是分不开的，船厂是澳门人的历史，大海是澳门人的未来，而船是走向未来的工具。

世遗向导谈骏业是一名造船文化推广人，已经在这个领域工作了十年。他从小在造船厂长大。小时候，船就是他们的游乐场，叮叮当当的造船声和人来人往的热闹已经成为最宝贵的回忆，与现实的凋敝相差甚远。2018 年 12 月，澳门特区政府评定荔枝碗船厂区为场所类文物。这里不仅是造船的地方，还是一个村落，几代人在这里生活、传承，已经超过 100 年。谈骏业的父亲谈锦全是澳门杰出的手工造船师傅，一生只有一份工作，就是造船。如今他的父亲会定期在船厂授课，希望将造船技艺流传下去。

大船变成小船，澳门造船人将人与海的情感、船与人的故事都

| 手工制作的船厂及船模型

浓缩在一艘艘模型之中，也让技艺和记忆得以传承下去。信容船厂的墙面上有很多船桨，都是谈锦全师傅做的，上面写着过去澳门各个地区的船厂名称，既震撼又使人动容，似乎每枝桨都是一个厂子的历史，并将历史划向大海，把澳门人的海洋基因传承下去。

澳门的造船业是一个产业，也铸就了一个时代。如今繁华褪去，这片土地略显衰败，但是总有一些人在社会快速的浪潮中选择坚守。停止造船虽说是造船业的终点，但也可以成为我们“讲述造船史”的起点，从船厂出发。澳门不缺高楼与繁华，因此可以讲述历史的乡村风貌变得更加宝贵。活化旧船厂的工业遗存，传承造船技艺，让荔枝碗成为独特的文化遗存，澳门也会因多元魅力而熠熠生辉。2021 年政府决定将荔枝碗船厂 5 个地段作为试点，活化打造为展览、文创、市集、餐饮及休闲活动空间，活化工程涉及面积约 4600 平方米。未来，这里将会成为一个老船工追忆生活、青年人网红打卡、周围居民休闲娱乐的地方，共同讲述澳门的故事。

奏响澳门的新乐章

时间：2022 年 12 月 13 日下午
地点：大三巴牌坊

我第一次近距离接触到澳门是在 1986 年 11 月，当时我参加了建设部在广东省珠海市举办的“区域与城市规划”研究班，课程包括以广东省为例的大区域规划、以珠江三角洲为例的区域规划、珠海及其影响区的远景规划等，规划设计内容自然涉及澳门。但是当时澳门尚未回归祖国，研究班只能采取“澳门海面游”的形式，对澳门的区域环境和文化景观进行了解。从船上眺望澳门半岛，我记得当时最醒目的建筑是葡京酒店，当时的澳门对我来说是一座未知神秘的城市。17 年后的 2003 年，我终于有机会进入澳门学习考察。此时，澳门经济社会已经发生了巨大变化。

自 1999 年回归以来，在“一国两制”“澳人治澳”、高度自治的方针治理下，经过 20 多年的发展，澳门的经济和民生都发生了翻天覆地的变化，成为东方大地上一颗耀眼的明珠。

澳门本来是广东省沿海的一个小渔村，地域狭小、山丘林立、海水环围。澳门半岛最初面积不到 2 平方千米，氹仔岛初始面积 2.57 平方千米。据记载，1912 年澳门陆地面积仅有 11.6 平方千米。1850 年三八仔横街及下环街之间的一块地方填海而成陆地；1863 年，南湾附近的部分海湾填海造陆。2009 年，经国务院批准，澳门填海造地建设澳门新城区，新城区面积 3.6 平方千米，可容纳十一二万人口生产生活，满足澳门未来 20 年的发展需要。从 1912

年的 11.6 平方千米，到如今的约 33 平方千米，澳门接近 70% 的面积都是填海造地而成，这个比例在世界范围内屈指可数。

2013 年，中国国家主席习近平首次提出共同建设“丝绸之路经济带”和“21 世纪海上丝绸之路”（简称“一带一路”）的倡议。“一带一路”如同一根彩线，把东方文明、西方文明、阿拉伯文明、恒河文明的珍珠串在了一起，构筑了一幅人类文明史上的动人图景。“一带一路”这条世界上跨度最长的经济大走廊，发端于中国，贯通中亚、东南亚、南亚、西亚乃至欧洲部分区域，东牵亚太经济圈，西系欧洲经济圈，成为世界上最具发展潜力的经济带。而澳门正是海上丝绸之路的重要节点之一。

2017 年，粤港澳大湾区城市群发展规划提出。此前，世界上有 3 个大湾区城市建设，分别是纽约、旧金山和东京湾区。粤港澳大湾区相比这三大湾区，面积更大、人口更多、发展更快。粤港澳大湾区由广东珠三角 9 市以及香港、澳门两个特别行政区组成，陆地面积约 5.6 万平方千米，人口 8000 多万。粤港澳大湾区的 GDP 总量与东京湾区和纽约湾区相当，是旧金山湾区的两倍多。纽约、旧金山、东京湾区都是以先进制造业作为支撑的，而粤港澳制造业占 GDP 的比重远大于其他三家。另外，粤港澳大湾区拥有更加齐全的制造业门类，包含电子信息、装备制造、汽车、新能源、新材料、生物医药、石化、钢铁、海洋工程、高端消费品等，未来发展潜能无限。

2015 年，新修订的《中华人民共和国澳门特别行政区行政区域图》明确了澳门陆地与水域界线，首次确认澳门将拥有 85 平方千米的海域管辖权，使澳门得以重新回归真正意义上的海洋城市。海域管辖权的赋予，无疑为澳门社会经济发展打开了新的空间，为澳门参与“21 世纪海上丝绸之路”以及粤港澳大湾区建设提供了新的机遇。

自郑和下西洋起，一代又一代“丝路人”建立了东西方合作的纽带。澳门作为东西方文化交流融会的典型城市，有着浓厚的丝路文化氛围——“和而不同、美美与共”，丰富的海上丝绸之路文化遗产是澳门作为历史上世界贸易枢纽的实质见证。澳门，背靠祖国强大的生丝、茶叶以及海上丝绸之路的贸易传统与大航海时代葡萄牙人带来的西方文化相遇相融。在澳门你可以见到 16 世纪的庙宇、17 世纪的教堂，走进 18 世纪的民宅，吃到 19 世纪的美食，深入 20 世纪留存的市场，亲临 21 世纪最新潮的秀。

在澳门，从承载民间寄托的小庙宇，到荔枝碗老工业基地的平民“网红”，从孙中山、郑观应家国故事的出发原点，到承载普通人对美好生活向往的街头美食，我们可以看到澳门的融合开放在不断为其注入新鲜血液，而这也正是庇佑其走向美好未来的文化基因。

今天的大湾区建设有着中华文明蓄能，有着我们海上丝绸之路的传统，拥抱大海和世界。澳门也将以独特的文化底色成为“21 世纪海上丝绸之路”的桥头堡，助力国家“一带一路”建设和粤港澳大湾区建设，热情拥抱海洋文明，向世界展示澳门的多元魅力。

于是我们在大三巴牌坊前，组织了一场中西融合的《澳门狂想曲》演奏，共同奏响了澳门的新乐章。澳门的世遗色为“海天霞”，它是海上太阳初升时朝霞的颜色，海上丝绸之路是澳门辉煌的过去，粤港澳大湾区建设是澳门的未来，澳门也因此拥抱世界，重新起航。

《澳门狂想曲》演奏

第十站
吐鲁番坎儿井

遗产地档案

遗产名称	吐鲁番坎儿井
遗产位置	新疆维吾尔自治区吐鲁番市
遗产种类	文化遗产
世遗色	井天

#e8ddc4
#acc5cd
#5f8393
#446465
#354347

火洲绿溢，清泉徐来

时间：2023 年 1 月 2 日上午
地点：坎儿井民俗乐园

说起吐鲁番，大家自然而然想到的可能是葡萄的甜、瓜果的香、火焰山的高温……“火山突兀赤亭口，火山五月火云厚。火云满山凝未开，飞鸟千里不敢来。”这是唐代边塞诗人岑参对火焰山的描述，从一定程度上揭示了吐鲁番的自然气候。

吐鲁番素有“火洲”之称，全年日照时数 3200 小时，极端高温达 47.8℃。在这里，埋沙能烤熟鸡蛋，贴墙能烙熟大饼。盆地内干燥少雨，年均降水量 16 毫米，蒸发量却有 3000 毫米以上。然而高温少雨并没有扼杀这片土地的生机，吐鲁番人民世代繁衍生息，东西方文化在此交汇融合。吐鲁番考古发现了 25 种语言、18 种古文字，包括波斯文、粟特文、回鹘文、吐火罗文等；中华文化、印度文化、希腊文化、伊斯兰文化四大体系和萨满教、袄教、佛教、道教、景教、摩尼教、伊斯兰教七大宗教在此交融。

是什么让这片炽热炎炎的土地绿意盎然、文化交融呢？

当人们来到新疆，在哈密、吐鲁番绿洲边缘的戈壁滩上，会发现一个个排列有序的圆形土圈，犹如月球上的环形山，沿地势高低一字排开，从天山脚下通向绿洲之中，其规模之宏大、覆盖之广袤、数量之众多、气势之雄壮，实属罕见。你很难想象这正是这片极热之地的生存命脉——坎儿井。

坎儿井被誉为极端干旱地区的“地下运河”，与长城、京杭大

| 戈壁滩上的坎儿井（遗产地供图）

运河并称为中国古代三大工程。吐鲁番人民称之为Kariz，在维吾尔语中kar表事业、事情，iz表印记，即干事业留下的印记。坎儿井一词，最早出现于春秋战国时期，《庄子·秋水篇》中曾有“子独不闻夫坎井之蛙乎”之句；唐代西州文书中有“胡麻井渠”的记载；明代万历三年（1575年），石茂华《远夷谢恩求贡事》一文中有关于“牙坎儿”的记载；清代乾隆年间称之为卡井，并最终演变为如今的坎儿井。

20世纪80年代，在托克逊县城西北约50千米的克尔碱镇，文物普查队发现了一些岩画。岩画中有腾跃奔逃的北山羊、安然自得的骆驼、穷追猛扑的虎狼和搭弓射箭的射手，刻画清晰，形象生动。岩画是吐鲁番史前的文化痕迹，尤其是其刻画的水系图。在距克尔碱镇东南约5000米处，一块距地面六七米高的巨石上，刻画

克尔碱岩画古代水系图（遗产地供图）

着克尔碱岩画中最为独特的古代水系图。它以阴刻的手法，绘制了近 40 条大小河流、泉源和水渠，形象地显示了当时自然水系的分布。专家们根据附近鄯善县洋海墓地出土的刻画有相似动物图案的文物判定，克尔碱岩画水系图形成于距今约 3000 年。由此可见，吐鲁番水系发展历史悠久。

关于坎儿井的起源，考古界和学术界尚有争论，但主要有三种说法：一是汉代关中井渠传入说，认为坎儿井由陕西经敦煌传到白龙堆，再由白龙堆传到吐鲁番。清末民初著名学者王国维在《西域井渠考》中指出新疆坎儿井来源于中原地区的井渠，并早在 2000 年前的汉代已经出现；二是中亚传入说，认为坎儿井先诞生于中亚，之后逐渐向东传入吐鲁番；三是本土自创说，新疆的坎儿井是 2600 年前，新疆各族劳动人民为了发展生产，在与干旱做斗争的过程中，根据高温少雨、蒸发量大的气候条件和盆地地形的特点，在挖阴沟、掏泉等开发利用地下水和生产实践中不断总结提高，逐步创造出来的。

新疆大约有坎儿井 1600 条，其中吐鲁番的坎儿井就有 1000 多条，总长 5000 多千米。吐鲁番盆地大量兴建坎儿井，是和当地的自然地理条件分不开的。吐鲁番盆地四面环山，每当春夏季来临，北部的博格达峰和西部的喀拉乌成山就有大量的融雪和雨水流向盆地。博格达峰高达 5445 米，而盆地中心的艾丁湖低于海平面 154 米。从天山脚下到艾丁湖畔，水平距离仅 60 千米，高差竟有 1400 多米。山上雪水融化流出山口后流经盆地砂砾质的土壤，大部分潜入地下形成地下潜流，日渐积聚，使戈壁下面含水层加厚，水储量大。并且，吐鲁番大漠底下深处，砂砾石由黏土或钙质胶结，质地坚实，因此坎儿井挖好后不易坍塌。

吐鲁番干旱酷热，水分蒸发量大，风季尘沙漫天，水渠常被黄沙淹没。而坎儿井是由地下暗渠输水，不受季节、风沙影响，水分蒸发量小，流量稳定，可以常年自流灌溉。所以，坎儿井实属适应干燥气候特点的一种伟大创举。

林则徐不是坎儿井的发明者，但他提倡推广坎儿井，促进了坎儿井的繁荣。1844 年 10 月，林则徐奉命前赴南疆履勘垦地，“但期绣陇成千顷，敢惮锋车历八城”，勘田 400 余平方千米，基本上分给了维吾尔族农民耕种。

清道光二十五年（1845 年）林则徐遣戍伊犁，途中看到坎儿井，十分惊讶，询问后知其利益，便极力主张推广。这在他的日记中有明确记录：“道光二十五年正月十九日，……二十里许，见沿途多土坑，询其名曰卡井，能引水横流者，由南而北，渐引渐高，水从土中穿穴而行，诚不可思议之事。”在林则徐到新疆办水利之前，坎儿井仅限于吐鲁番，为数 30 余条，在林则徐的推动下，吐鲁番、鄯善、托克逊等地新挖坎儿井 300 多条。《新疆图志》载：“林文忠公谪戍伊犁，在吐鲁番提倡坎儿井。其地为火洲，亘古无雨泽，文忠命于高原掘井而为沟，导井以灌田，遂变赤地为沃壤。”林则徐使坎儿井迎来了第一次修建高潮期。

坎儿井发展的第二次高潮期是清光绪六年（1880 年）左宗棠进兵新疆之后，到新疆建省时。左宗棠号召军民大兴水利，在吐鲁番修筑坎儿井 185 条，在鄯善、库车、哈密等地也兴修了不少坎儿井，并进一步扩展到奇台、巴里坤、皮山等地。20 世纪三四十年代，吐鲁番、鄯善、库车、托克逊、哈密等地的坎儿井已发展至 1000 余条，以吐鲁番最多。1949 年后，坎儿井迎来第三次大发展，并到达顶峰。广大农民分到了土地和坎儿井水的使用权利，加上大量支边人员进疆，促进了坎儿井事业的大发展，全疆坎儿井总数曾近 2000 条。

林则徐和左宗棠为新疆坎儿井带来发展高潮，但在几千年的发展中，鲜见其他官方行为，这是坎儿井一个鲜明的特点——由广大民众修建，也从侧面印证了坎儿井与广大农民群众的广泛、密切而真实的联系。到现在坎儿井作为生活水源，仍具有很强的生命力。坎儿井供应甘甜的雪山水，再加上优越的光热条件和独特的气候，为吐鲁番农业、园艺业、有机瓜果蔬菜提供了得天独厚的生长条件，使这里盛产葡萄、哈密瓜、反季节蔬菜等特色经济作物，是名副其实的“瓜果之乡”；经暗渠流出的水，经过千层沙石自然过滤，最终形成天然矿泉水，富含矿物质及微量元素，吐鲁番因此也有中国长寿之乡的美名。

沙漠中的生命之源

时间：2023 年 1 月 2 日下午
地点：恰特喀勒村、卡德尔坎儿井竖井口

坎儿井是在极端干燥酷热环境下，人们因地制宜，利用地面坡度无动力引用地下水的一种独特的地下水利工程。坎儿井分为竖井、暗渠（地下渠道）、明渠（地表渠道）和涝坝（蓄水池）4 部分，一般顺地面坡度布置。

开挖坎儿井时，要先打一眼竖井，供开挖暗渠时定位、出土、通风及成井后检修用。开挖时所取的土堆积在竖井的周围，形成环形小土堆，可以防止一般地面水入侵。通常一条坎儿井有几个到几百个竖井，上游的竖井较深，可达百米以上，下游的竖井一般深几米或十几米。竖井横断面常为矩形，两边长约 1.2×0.8 米，仅能允许一人通行，也有呈圆形或方形的。

暗渠，也称集水廊道或输水廊道，是坎儿井的主体工程。暗渠分为集水段和输水段两个部分。集水段是汇集、引取地下水源的部分，长 50—300 米，需在潜水位下面开挖；输水段在潜水位以上开挖，长度视引水处潜水位的埋深、暗渠纵坡、地面坡降而不同，一般 3000—5000 米，长的超过 10 千米。暗渠断面以开挖时不影响工人在里面操作为度。

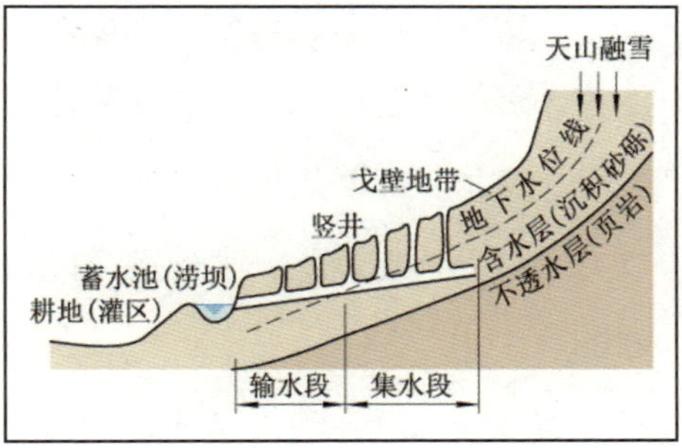

坎儿井示意图

为节省开挖量，并在无衬砌的情况下使土层稳定而形成自然拱，可采用窄深式断面。暗渠顺地面坡降布置，同地下潜流流向一致，比地下潜流的坡降平缓，因而暗渠水流经一定距离后，即可接近地面而把水引出。暗渠的出口称为龙口，其顶部土拱须保持 2 米以上的厚度。

龙口以下为明渠和涝坝。明渠与一般渠道基本相同，横断面多为梯形，坡度小，流速慢。涝坝是调节水量的蓄水池，用以调节灌溉水量，缩短灌溉时间，减少输水损失。一条坎儿井灌溉规模视水量而定，有的可灌溉几亩，有的可灌溉几十亩甚至上百亩。坎儿井一般是几条、十几条甚至几十条成群，形成大小不等的坎儿井灌区，该灌区同时形成绿洲。坎儿井年内供水量的 2/3 在灌溉期内进行灌溉，1/3 在非灌溉期维持生态环境系统，并不分季节地为人畜提供饮水，在没有机电井的年代，吐鲁番、哈密盆地在春季 2 月底就需灌溉，天山融雪形成的地表水未到，只能依靠坎儿井。坎儿井至今仍发挥很大作用。

我们分为两组，双向揭示人类在荒漠上创作的生命线。我和唐九洲，以及新疆歌手艾热循着暗渠输水段，走向龙口、明渠、涝坝；周韵、王濛沿着暗渠集水段，从戈壁循着竖井口的方向，看向天山。

这次探访中，我遇到了老朋友木拉提・乃吉木丁。2010 年我来新疆考察吐鲁番市艾丁湖乡干店村一组坎儿井、亚尔乡克其克坎儿井、亚尔乡琼坎儿井时，就是木拉提・乃吉木丁老师带着我按照坎儿井井下掏捞流程，下到近 20 米的井下对暗渠加固进行实地察看的。

坎儿井掏捞建成后，需要每年清淤。因气候条件限制以及夏天

| 2010 年，老单考察吐鲁番坎儿井（遗产地供图）

农忙，掏捞工匠只能在春季和冬季清淤。每次作业 3 人负责铲淤、运输，2 人井上负责调控及倾倒淤泥。

木拉提·乃吉木丁老师正带领掏捞队工作，我们决定再次下井，进入 17 米深的井，这也是唐九洲和艾热的下井初体验。冬季十月份到来年二三月份是坎儿井水量最大的时候，我们在暗渠中行走，水位将要没过膝盖，巷道宽度仅有 1 米多。

挖暗渠和竖井的工具主要是坎土曼、井绳、吊筐和照明油灯。出土时，用土筐从竖井上使用辘轳起吊，一般用人力车拉，这样也能防止大风把沙土刮进坎儿井里。在修建坎儿井时要保证暗渠与竖井的连通，同时要确保相对固定的坡度和开挖方向，难度可想而知。在坎儿井修建的年代，指南针还未被发明出来，为尽量减少弯曲、确定方向，人们创造了木棍定向法和油灯定向法。

暗渠掏捞（遗产地供图）

木棍定向法，即相邻两个竖井的正中间，在井口之上各悬挂一条井绳，井绳上绑上一头削尖的横木棍，两个棍尖相向而指的方向，就是两个竖井之间最短的直线。然后再按相同方法在竖井下以木棍定向，地下的人按木棍所指的方向挖掘就可以了。

油灯定向法用于掏挖暗渠。依据两点成线的原理，用两盏带嘴的油灯确定暗渠挖掘的方位，保障暗渠的顶部与底部平行。油灯定位只能用于同一个作业点上。挖掘暗渠时，在竖井的中线上挂上一盏油灯，掏挖者背对油灯，始终掏挖自己的影子，这样不同的作业点就可以保持一致，不偏离方向了。

我们沿暗渠行进 100 多米，经过 5 个竖井。实际进入暗渠探访后，我们更能体会到坎儿井修建工程的伟大，吐鲁番坎儿井总长 5000 多千米，接近黄河的长度。挖一条坎儿井往往需要 8—10 人工作几年时间，发达的科技在井下根本无法使用，只能靠人工。看着暗渠中一镐一镐的挖掘痕迹，我们肃然动容。老一代的坎儿井掏捞队员可能十几岁就开始工作，一整天都在井下，因井内空间狭小不能带吃的，因掏捞湿泥土不能穿衣服，条件十分艰苦。如今木拉提·乃吉木丁老师带领的掏捞队，已经完成了 70 多条坎儿井的维修工作。这份沉甸甸的传承让我们感觉到，坎儿井不仅建造很伟大，坎儿井的传承更包含着一代代吐鲁番人民的辛苦维护、保护。当地人把坎儿井称作生命之源，"坎儿井水好"这一句质朴的话语，饱含着吐鲁番人民与坎儿井共生共存的情感，而"喜欢坎儿井如同喜欢爱人一样"则是独属于沙漠绿洲的浪漫。

文化遗产保护要善用当地力量

时间：2023 年 1 月 3 日上午
地点：原种场

除了故宫，我去得最多的地方就是新疆。虽然来过很多次，但我认为这次的探访收获最多，也唤醒了满满的回忆。

根据 1962 年统计资料，当时新疆共有坎儿井 1700 多条，总流量约为 26 立方米/秒，灌溉面积约 330 平方千米。其中大多数坎儿井分布在吐鲁番和哈密盆地，如吐鲁番盆地共有坎儿井 1100 多条，总流量达 18 立方米/秒，灌溉面积约 310 平方千米，占该盆地总耕地面积的 67%，对发展当地农业生产和满足居民生活需要等都具有很重要的意义。

20 世纪 70 年代，随着经济发展、人口增加和农业灌溉用水增大，仅靠坎儿井供水已远远不能满足需要。相比而言，机井投资少、效率高，于是全疆打机井 5000 多眼，配套机井 4000 多眼，致使地下水循环遭到破坏，坎儿井坍塌严重。另外，因地下水开发利用缺乏全面规划管理，地表水资源调度运用不尽科学合理，造成地下水位不断下降，使坎儿井流量减少，甚至干涸。加之坎儿井的维护完全靠人力，既危险又辛苦，年轻人不愿意干这种活儿，掏捞坎儿井出现了后继乏人的状况。一条坎儿井掏捞下来平均要好几年，坎儿井自身的缺陷也加剧其数量减少。根据第三次文物普查统计，吐鲁番有坎儿井 1108 条，其中有水的只剩 278 条，再过一些年可能就会全部消失。

一开始人们感觉用自来水很方便，直接把管子引到自己家里的厨房，一拧水龙头就可以用水，于是坎儿井逐渐被弃用。但随着用水量的增大，民众发现地下水开采超量，由过去几百米开采到上千米，生态受到很大影响，而且机井耗油、耗电大，单方水成本高，出现了“高产低收”的不良现象，民众要求恢复坎儿井、抢救坎儿井的呼声出现。

2008 年，我第一次来吐鲁番考察。当地人告诉我，呼吁抢救坎儿井还有一个更深层次的原因。有了自来水以后，人们都不愿去水塘边聚会了。过去那种一到傍晚就在水塘旁边弹琴、跳舞、聊天的欢乐情景渐渐消失了。人们开始感到孤独，认为有传统文化氛围的坎儿井边生活更为丰富，所以强烈呼吁要修复坎儿井。

2006 年，坎儿井地下水利工程报请国务院，成为全国重点文物保护单位。自 2009 年开始，国家文物局连续几年开展坎儿井专项保护工程，拨专款修缮，第一批补助了 6000 万元。我们觉得是个好事，但是当地专员很快就来找我，说非常感谢我们拨的 6000 万专款，但是按照修一个坎儿井要几十万，甚至上百万的预算，这样修复不了多少条坎儿井，是否可以让当地的队伍来修？我问他，当地修一条坎儿井要多少钱？他说，当地的居民修一条坎儿井大概5万，甚至还有更低的。由于工程款的差别如此之大，我立刻安排了现场调研。

我赶到时已是晚上，看到一户居民家还在干活。我问他，修一条坎儿井需要多少钱？他说3万元就能修好。这个造价和我们的预期差距太大了。差距究竟是如何产生的？仔细研究才发现，我们的方案是用现代的材料、现代的技术方法，要用混凝土，用大锚杆固定。这样不仅造价高昂，更重要的是，经现代材料和技术修复后就不是传统意义上的新疆坎儿井了。

所以我们想，还是要用传统手段，但是当时缺少修缮队伍，即使在当地也很少有人掌握坎儿井修缮技艺。2009年，国家文物局和当地政府一起开设了新疆坎儿井保护利用培训班。令我记忆犹新的是，我在讲台上讲文化遗产保护理念，下面围着一小圈一小圈的人在讲话。我很纳闷：大家为什么都不认真听我讲课？他们解释说，我讲的是汉语，他们听不懂，因此每一小圈得有一个翻译，现场“同声传译”。我只好讲慢一点，再慢一点。这样经过培训形成了13支队伍，每个人都要通过考试，才能发给培训证书。大家可以用传统材料、传统工艺、传统技术来修缮自己家乡的坎儿井。就这样，坎儿井修复技术扩大了传承队伍，又增加了就业机会，现在情况很好。截至2021年，吐鲁番共实施了7期坎儿井文物保护与利用工程，涉及165条坎儿井。

文化遗产保护要善于借用当地力量。《万里走单骑》第一季时我们去了福建土楼，福建土楼的修缮大概采取3种方式：一是自家人修自家房。现在很多土楼仍然有村民生活其中，有人住，土楼才是“活”的，村民会自发修缮自家房屋。二是我在国家文物局时提出了一个机制——国家资金可以用于私有产权文物的修缮，村民修缮土楼可以得到国家资金支持，这在以前是不可以的。三是培训当地人修缮土楼的技艺，给他们颁发维修土楼资质证书，让民众参与到文物保护中来。土楼经修缮保障，拥有了更长久的生命力。这3种方式都在呼吁当地民众成为文化遗产保护的主力。

无论是坎儿井还是福建土楼，都与民众的生活息息相关，其中融合着亲缘、地缘、血缘关系。当人们和家乡的文化遗产产生血肉般的联系时，文化遗产才会得到更好的尊重和保护。当地民众修缮坎儿井，采取的是传统技艺和现代方法相结合的方式，只对一些结构薄弱、险情严重的部位采用现代材料和施工方法进行抢救性保护，其他部分均沿用民间传统工艺。这样既唤醒了民众保护坎儿井的主体性，对文化遗产的真实性实现最小干预，又有利于民族传统技艺的世代传承；既保护了物质文化遗产，又保护了非物质文化遗产，使更多已经失去供水功能的坎儿井恢复了活力。

文化遗产是一个永恒的话题，既是历史的，又是现代的，还是将来的，更是大众的。当人类文明发展到21世纪时，仅仅把文化遗产狭义地作为一件物品保留下来是不够的，更重要的是发现、发掘、发扬文化遗产所蕴含的历史、科学、艺术等方面的价值，使文化遗产进一步融入人们的生活、融入社区、融入城市；既给专业人士，更多的则是给大众以启迪和精神的、情感的、美的享受。

文化遗产保护成果应惠及广大民众。广大民众是文化遗产的创造者、使用者和守护者，是文化遗产的真正主人。广大民众的积极参与和支持，是文化遗产事业的未来和希望。应充分认识和理解广大民众对于发展经济、改善生活的热切愿望，最大限度地实现好、维护好、发展好广大民众的根本利益，让更多的民众充分享受文化遗产保护成果，参与文化遗产保护行动。正是对这一理念的坚持和实践，才使得像福建土楼保护、三坊七巷社区博物馆建设和新疆坎儿井文化遗产保护等越来越多的文化遗产保护实践，受到当地民众的衷心拥护，使保护工程成为民心工程、民生工程。

火洲绿意生生不息

时间：2023 年 1 月 3 日下午
地点：库木塔格沙漠

馥郁飘香的甘甜瓜果、壮美辽阔的戈壁大漠、奔放洋溢的新疆歌舞、热气腾腾的烤肉烤馕……这是很多人向往的吐鲁番，而将这些美好的元素串联起来的就是穿越数千年的戈壁“明珠”——坎儿井。

吐鲁番地势北高南低，坎儿井顺地势南北分布，而城市则东西分布，正好坐落在坎儿井上方。有水源，村庄就有灵气，人们在水渠边聊天，坎儿井成为一个文化空间，促进邻里关系、民族团结，传播地域文化。目前，坎儿井仍是当地人民生产生活的基础设施，是“活”的文化遗产，延续着与当地人的精神联系。并且，这种联系不仅仅是出于文化惯性，更因其真实的利用价值而愈显牢固。

千百年来，坎儿井融合地域文化及特色，不断发展演进。其文化底蕴以当地居民文化生活为基础，核心价值真实反映了当地人们的美好愿望；其实际利用价值，与当地农业生产、聚落村庄、人口

村民在坎儿井边洗衣服（遗产地供图）

密集程度完美呼应，孕育出了闻名天下的哈密瓜与葡萄；其建筑外观与周边环境浑然一体，绵延的封土堆与戈壁荒滩连为一体，造型简单实用的出水口、明渠与绿洲环境相得益彰。

坎儿井不只是井，更是特定环境下的一种生产生活方式。坎儿井因特殊的种植、村落而形成，并服务于人，这是特定的人生成的特定的生活、生存形态。这种特定的生活、生存形态体现在房屋建筑上，体现在道路上，体现在人的语言、人的歌舞、人的服饰和人的食品上。

从吐鲁番坎儿井的命名上，我们也能感受到这一点。坎儿井修建主体为广大民众，而且是各民族人民共同开发的，因此有许多流传至今的坎儿井都是以维吾尔族、回族、汉族挖掘者或出资者的姓名命名的，另有官职、职业、宗教职务、外号等命名方式。此外，以当地动植物、地形地貌、建筑甚至水质状况命名的也不在少数。1949 年后新开凿的坎儿井，其命名方式则又有所不同。总之，坎儿井是生产生活的写照。从这些五花八门的坎儿井名称上，我们深刻感受到了多元文化在吐鲁番的交流融合。坎儿井，加传统村落，加传统的葡萄园种植区，构成一个文化景观，即人与自然和谐共生。

坎儿井这一特殊的水利工程形式不仅分布在我国新疆，在伊朗、阿富汗、叙利亚、巴基斯坦、乌兹别克斯坦、吉尔吉斯斯坦、摩洛哥等荒漠干旱区都有分布。这些地方降雨量小，蒸发量大，气候条件极其不利于农业发展，人们为了种植农作物及生存而开凿坎儿井，灌溉农田，使原本荒芜的土地变成绿洲。此外，在德国、意大利和西班牙等国家也发现了坎儿井的遗迹。可见，坎儿井在世界各地都是一种相对稳定有效的灌溉系统。坎儿井的存在，帮助人类在一片片的绿洲中抵御风沙，为人类提供了适宜的生存生活环境，同时对改善局部生态环境，调节小气候亦具有重要意义。坎儿井非中国独有，与自然和谐共生、追求幸福生活的价值观也应是人类共有。

我们爬过长城，走过大运河，这次又来到坎儿井，这些人类留下的伟大奇迹至今仍具有强大的生命力。人类是如此的幸运，全球干旱地区最大的山系天山、世界第二低地艾丁湖，荒凉极致与绿意盎然、高温与严寒同时置于同一空间内。当地人民凭借苦中作乐的豁达，在这里扎根，用最火热的歌舞和最甘甜的坎儿井水，在苍茫戈壁中孕育了绿洲。这一期，我们的世遗色是“井天”，代表着坐井观天之色，承载着生命和希望的坎儿井，不但没有限制吐鲁番人民对于生存的想象，反而让火洲绿意生生不息。

吐鲁番独特的地貌风光、气候和民族风情丰富了当地旅游文化

纳孜库姆表演

的内容。炎热、风沙、干旱三大特征，形成了吐鲁番独一无二的旅游要素。葡萄沟与戈壁、火焰山“相牵”，形成了令人叫绝的美景。独特的沙疗、中国陆地的最低点艾丁湖吸引人们纷至沓来，维吾尔族风情更是让人神往。厚重的历史文化和独特的地域风情，决定了吐鲁番旅游文化是其他地区无法比拟的。这里融合了古代文明与现代风采，妩媚而粗犷，质朴而热情。可以说，吐鲁番是人与自然和谐生存的欢乐园，是旅游文化中美不胜收的资源。

库木塔格沙漠风景名胜区是与天池、博斯腾湖并列的新疆三处国家重点风景名胜区之一。库木塔格在维吾尔语是“沙山”的意思，库木塔格沙漠即是“有沙山的沙漠”，其风沙地貌类型齐全，沙丘的轮廓清晰、层次分明；丘脊线平滑流畅，迎风面沙波似水，背风坡落沙如泻。置身大漠，可静观大漠日出的绚丽，目睹夕阳染沙的缤纷，美不胜收。

库木塔格沙漠也是世界上少有的与城市零距离接触的沙漠，“万里少年团”来到这里，探寻坎儿井水浇灌出的欢歌笑语与人间至味。纳孜库姆这一表演形式产生于吐鲁番，是乐器演奏、竞技表演、哑剧表演和说唱结合的民间舞蹈表演。在载歌载舞火热的气氛中，我们结束了坎儿井的探访，但意犹未尽。

第十一站
丝绸之路：长安－天山廊道的路网·吐鲁番

遗产地档案

遗产名称	丝绸之路：长安－天山廊道的路网·吐鲁番
遗产位置	新疆维吾尔自治区吐鲁番市
列入世遗时间	2014 年
遗产种类	文化遗产
世遗色	大国燃

#facea7 #f4a771 #94252a #d98b00 #592428

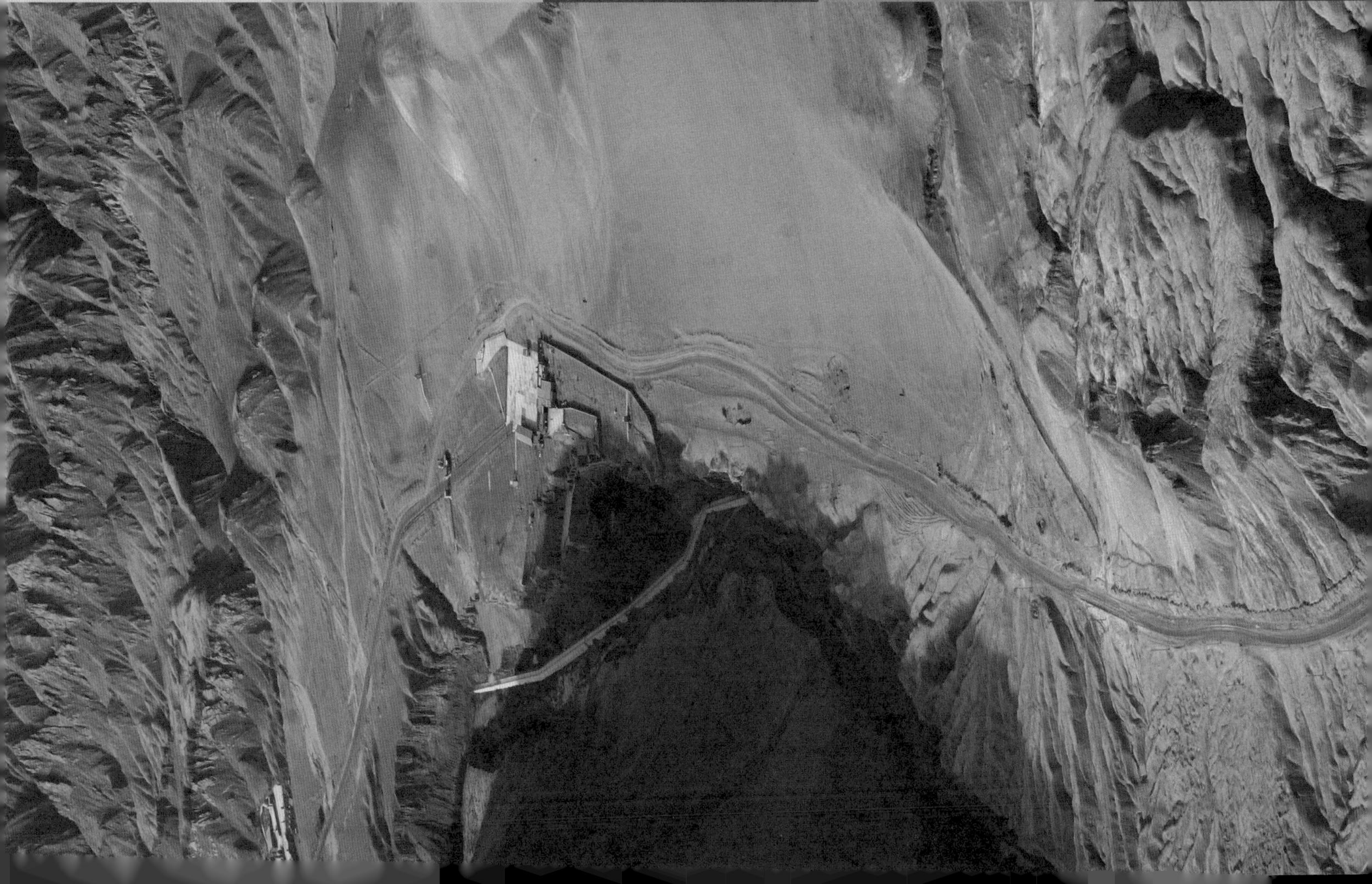

古道融通，文脉与共

时间：2023 年 1 月 4 日上午
地点：火焰山、高昌故城

在吐鲁番的探访还在继续。

《万里走单骑》第二季首站是洛阳，那里是丝绸之路的东方起点，铜驼大街、定鼎门前的骆驼脚印都在诉说着骆驼与城市的渊源。我们一行人从东到西，从中原到西域，骑着骆驼行走在吐鲁番沙漠中，更加深入地感知丝绸之路的宏伟篇章。

丝绸之路是公元前 2 世纪—公元 16 世纪古代亚欧大陆间开展长距离贸易与文化交流的交通大动脉。它从中国古代的长安 / 洛阳往西，经中亚到达地中海地区，向南延伸至南亚次大陆，东西长约 1 万千米，南北宽约 3000 千米，是人类历史上交流内容最丰富、交通规模最大的洲际文化线路。

这条文化线路包含了亚洲大陆上不同历史时期的都城或宫城、中心城镇、商贸聚落或城镇、佛教石窟寺、古道、驿站、烽燧、长城、墓葬……沿途有庄严圣洁的雄伟雪山、红华赤壁的丹霞景观，清澈壮美的高山湖泊，荒凉苍茫的戈壁沙漠，丰美富饶的辽阔草原，温和宜人的河谷绿洲……文化与自然共存，丰富多彩、美不胜收。

为了让大家对丝绸之路有更清晰的认知，这次我带来了《丝路山水地图》的复制品。在洛阳站，我曾讲述过《丝路山水地图》的故事，这幅绘于明代中后期的绢本青绿山水手卷，画面东起嘉峪关，西至天方城（今沙特阿拉伯伊斯兰教圣城麦加），记载了 211 个不

丨“万里少年团”骑骆驼行走在沙漠中

同国家的地名，证明在欧洲地图传入中国之前，我国对于丝绸之路沿线已有清晰认知。随着宽 0.59 米、全长 30.12 米的画卷徐徐展开，主要城池和山川地貌，欧、亚、非三大洲十多个国家和地区依次展现，我们仿佛从中听到了丝绸之路上的阵阵驼铃，看到了热闹非凡的商贸往来、文化交融。

高昌故城，又称“亦都护城”（突厥语意为“王城”），是公元前 1 世纪—公元 14 世纪丝绸之路东天山南麓吐鲁番盆地的第一大中心城镇。自公元前 1 世纪西汉王朝在此屯垦戍堡，史称“高昌壁”，从此西域与内地的联系愈加紧密；魏晋时期，高昌地区先后建立了以汉人为主体居民的地方政权，称为“高昌国”；640 年，唐朝灭高昌，在其地设立西州，实行与中原地区相同的州县制度；宋元时期，高昌作为回鹘王国的国都，至 14 世纪被废弃，沿用了 1400 余年。高昌故城总面积 220 万平方米，比两个故宫都要大。千年来，这里

高昌故城出土的摩尼教壁画（遗产地供图）

是儒风汉雨、民族交融的中心，更是丝路上四衢八街、商旅纵横的贸易重镇。

高昌城被誉为“汉代的长安城”。《北史·西域传》中记载：“地势高敞，人庶昌盛，因名高昌。”文献记载，这里曾生活着月氏、乌孙、汉、羌、鲜卑、柔然、突厥、粟特、回鹘、吐蕃、蒙古等不同部族或民族；共生着萨满教、祆教、佛教、摩尼教、伊斯兰教等七大宗教。高昌城规划布局也采用长安里坊制，分为外城、内城、宫城（可汗堡）三重城，规模宏大。

高昌王国奉行佛教，曾有着全城人口 3 万，僧侣 3000 人的盛况。《魏书·高昌传》记载其“俗事天神，兼信佛法”，高昌曾与于阗（今和田）、龟兹（今阿克苏）并称为我国西域三大佛教中心。大佛寺位于高昌故城西南角，占地约 1 万平方米，是高昌王国崇奉佛教的见证。高昌国为了提高佛教的地位，甚至将城郭扩大，将大佛寺列入城内，让百姓能够更好地接触佛法。

大佛寺内有一个中心柱佛塔，其形制与内地佛塔明显不同。有句俗语叫“救人一命，胜造七级浮屠”，浮屠就是塔，在印度主要用于供奉、安置佛祖及僧人的遗骨（舍利）、经文、法物等，外形像一座圆冢，为圆钵形、覆钵形。随着佛教从印度传入西域，再传到中原，塔的形制发生了演变，西域佛塔多为柱形，而中原佛塔多为密檐塔、楼阁式塔，可以看出塔的形制在西域发生融合、再造。

阿斯塔那墓葬群是西晋至唐代高昌城居民的公共墓地，总面积约 10 平方千米。这里埋葬的既有达官贵族也有平民百姓，被称为“高昌的历史活档案”“吐鲁番地下博物馆”。由于地势高敞，气候炎热干燥，墓穴内形成天然无菌环境，墓中古尸及随葬物品历经千年不腐，从而保存了大量文物。

1959 年以来，考古工作者先后发掘出以文书、墓志、丝织品为代表的文物上万件，是新疆地区发掘晋唐墓葬数量和出土文物最多的遗存。还有伏羲女娲图、弈棋仕女图、绢衣彩绘木俑、镇墓兽、彩绘天王踏鬼木俑、各种彩绘泥俑等重要文物。很多绘画、泥俑及其他成千上万件出土文物色彩鲜丽如新，保存十分完好。

1966—1972 年阿斯塔那墓葬群出土了多种式样的精美面点，如梅花式点心、菊花式点心、四棱式点心，以及叶形面点、筒形面卷等。这些点心造型优美，制作精良。1972 年，在阿斯塔那 230 号墓出土了宝相花纹月饼，以小麦粉为原料，模压成形，烘烤制成。月饼呈圆形，土黄色，制作精致，正面压制有萨珊波斯风格的联珠纹图案和印度佛教莲花纹中国化的宝相花图案。花纹图案搭配得错落有致，造型新颖别致，充分体现了当时人们高超的面点制作技艺，是目前国内出土的唯一一件月饼式糕点实物。考古人员在墓葬中还发现了唐代的饺子，外皮原料也为小麦粉，形状与今天无异。这些面点的发现，向我们展示了在这片土地上中原文化习俗的影响、交融。

阿斯塔那墓葬群出土的饺子
（遗产地供图）

高昌故城、交河故城、阿斯塔那墓葬群、吐峪沟石窟……吐鲁番是现存的古迹城市活化石，也是考古界的圣地；城址、文书、壁画……吐鲁番也是一座能亲眼看见历史的城市。新疆地区古称西域，这里融通四大文明，北面是草原文化、东面是中原文化、西面是两河文化、南面是古印度文明，四大文明正是在此交汇、融合。

今天的丝绸之路上有着联通内外、贯穿欧亚的中欧班列、穿梭不息的航旅陆运，如同一支钢铁驼队构建起全球产业链的“大动脉”。站在历史与现代的十字路口，我们在吐鲁番审视着文化融合下的盛世风景。

用文字拼接历史

时间：2022 年 1 月 4 日下午
地点：阿斯塔那墓葬群

在新疆考古中，出土文书是一大考古特色。

古代吐鲁番居民习惯将废弃的公私文书裁剪成死者穿戴的鞋靴、冠帽、腰带和枕褥的形状，作为陪葬品，放置于地下房屋式墓冢内。同时，由于吐鲁番气候极其干燥，适合保存，纸寿千年，为吐鲁番留下了还原历史的文字档案。吐鲁番文书是我国现存最早的纸质档案之一。经学者们多年精心整理，吐鲁番出土文书 2000 多种。文书上的纪年，最早的是西晋泰始九年（273 年），最晚的是唐大历十三年（778 年），前后历时 500 多年。

这些文物记载的内容，绝大多数是史书上不会记载的，这是吐鲁番文书的重要特色。按文书用途分，有契约（包括租佃、买卖、

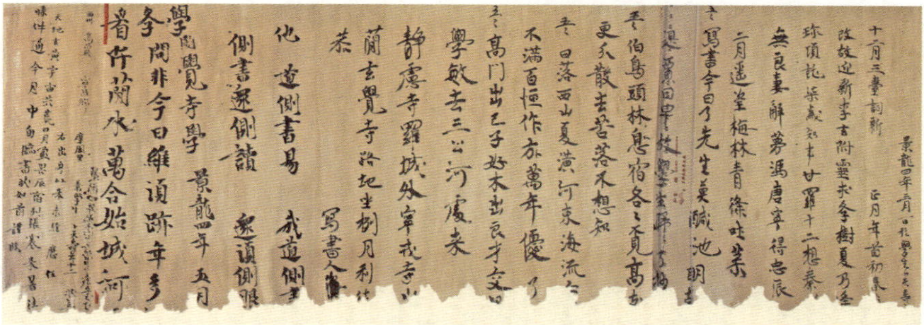

| 卜天寿抄本（遗产地供图）

雇佣、借贷等方面）、籍账（手实、计账、户籍、受田账、欠田账、退田账、差科簿、定户等账目记录）、官府文书（符沾状，审理案件的辩词和录案，授官授勋告身行旅的过所和公验、收发文簿、收支账历等）、私人信札、经籍写本、随葬衣物等，内容涉及政治、经济、军事、思想、文化等各个方面。通过这些文书，我们可以知晓当年吐鲁番的农产品、牲畜、纺织品价格，军队的驻防、装备、津贴等内容。这些出土文书，通过一个个细节，为我们拼接和复原了历史场景，可以说是一部古代的百科全书。

在阿斯塔那墓葬群出土了很多文书，例如《孝经》《论语》等古代典籍，内容丰富，保存完整。1969 年，阿斯塔那 363 号墓出土了一卷文书，是 1300 多年前一个年仅 12 岁的小学生卜天寿的作业本——《论语·郑玄注》抄本，长 538 厘米、宽 27 厘米。离长安几千千米的西域佛教寺院里，孩子们读《论语》，充分说明儒家文化在西域的传播和大家的接受程度非常广泛。同时，郑玄为东汉经学大师，其所注《论语》在唐代之后就失传了，却在西域被发掘出土。21 世纪以来，虽然在敦煌、吐鲁番等地出土了不少《论语·郑玄注》的残本，但只有卜天寿的这个抄本是所有残本中保存最好、最多的，包含了《论语》中《八佾》《里仁》《公冶长》3 篇和《为政》的一部分。在抄本中，卜天寿还写了一首打油诗：“写书今日了，先生莫醎（嫌）池（迟）。明朝是贾（假）日，早放学生归。”十分真实有趣。

岑参，盛唐著名边塞诗人，为唐太宗时宰相岑文本之曾孙，名将岑长倩之侄。父亲早亡，好读书，文武自幼修。中进士后弃笔从戎，先后两次赴安西、北庭。他前后在边塞生活了 6 年，写了大量的边塞诗，诗风以雄奇著称，气势雄浑，色彩瑰丽，想象丰富，笔法多变，其中与吐鲁番有关的诗作就不下 14 首。他曾在新疆担任安西都护府副都护封常清的判官，职位相当于今天的秘书。在阿斯塔那 506 号墓中发现了岑参的马料账单。506 号墓主人所使用的具有吐鲁番特色的纸棺，所用纸张大都是唐天宝十二载到十四载（753—755 年）的西、庭二州一些驿馆的马料收支账，这些纸张被剥下拼接后，人们从中发现了两条关于岑参的文字，其中一条为：“岑判官马柒匹共食青麦三豆（斗）伍胜（升）付健儿陈金。”

吐峪沟石窟是吐鲁番建造最早的洞窟，在这里发现了《诸佛要集经》，写于西晋元康六年（296 年），年代久远。1981 年，在清理吐峪沟崖体前的堆积物时发现了《大唐西域记》手写版残卷，别称《玄奘行传》。《大唐西域记》成书于唐贞观二十年（646 年），记叙玄奘西行求法所历（110 个）和所闻（28 个）的城邦、地区、国家概况，涉及气候地理、风土人情、历史政治、神话传说、佛教遗迹等。地域包括从伊朗和地中海东岸至中国新疆，从中亚直抵南亚的斯里兰卡，甚至含东南亚广大地区。该书是研究古代中亚史、南亚史、佛教史不可或缺的重要资料，极受国际印度学、佛教学学者推崇。

玄奘去西方取经，跨越八百流沙莫贺延碛，刚到哈密，高昌王

吐峪沟石窟（遗产地供图）

麴文泰就派出使节、部队去哈密将玄奘迎接到高昌。玄奘原计划路线中其实并没有高昌这个地方，但是高昌王盛情难却。当时玄奘讲经的地方就在靠近可汗堡王宫的位置。据说，每当玄奘讲经时，高昌王麴文泰都手持香炉恭候他的到来，趴在地上让玄奘踏着他的背坐到法座上。高昌王邀请玄奘留下，给高昌国讲解佛法。玄奘绝食3天，才放其继续西行。高昌王又派遣使者护送，并且给沿途各国写了24封书信，并都随附绫绡（高档丝绸）一匹，这是玄奘能够西游成功的原因之一。玄奘也非常感念高昌王麴文泰的恩情，写下“决交河之水，比泽非多；举葱岭之山，方恩岂重”。

玄奘西行归来，为了履行承诺回到高昌翻译佛法，但是当时高昌国已灭亡了，他只能遗憾地回到长安，不过他并没有忘记麴氏的恩德，将《大唐西域记》送给了身在长安的麴氏后人。《大唐西域记》不能等于《西游记》，玄奘的《大唐西域记》中也没有关于麴氏高昌的记载，因为他是在走出高昌城后才开始书写的，但是起缘却是离不开高昌麴氏，最后也再次回到了这里。

高昌出土文书中还有数量庞大的账本，反映了当时的经济繁荣。《长安三年西州高昌县严苟仁租葡萄园契》《咸亨四年西州前庭府杜队正买驼契》《开元二十一年石染典买马契》《开元十九年唐荣买婢市券》等民间租赁、买卖契约文书为我们呈现了繁荣的西域绢马互市景象。当时朝廷为了保证商贸环境安全，还出台了相关法律。《唐律疏议》是中国现存最古老、最完整的刑事法典，其《名例律》篇残卷同样出土于阿斯塔那墓葬群，反映了唐代中央政权对西域的有效治理，也正因此西域拥有了商贸、文化繁荣的土壤。

饱经磨难的千年壁画

时间：2023年1月5日上午
地点：吐峪沟石窟、柏孜克里克石窟

佛教从克什米尔传入西域，后入中原，再传入朝鲜和日本。从印度的阿旃陀石窟到新疆库车的龟兹石窟、新疆吐鲁番的高昌石窟，再到以敦煌、云冈、龙门石窟为代表的中原石窟，这些佛教艺术的精美殿堂向我们展示了佛教随着传播而逐渐融合、汉化的过程。

壁画是丝绸之路上又一文化印记。柏孜克里克石窟是高昌石窟中现存洞窟最多、壁画内容最丰富的石窟，修建于6—7世纪麴氏高昌时期。9—12世纪，柏孜克里克石窟成为回鹘王族寺院，达到最繁华的时期。13世纪末，高昌王室东迁甘肃永昌，石窟开始衰落。15世纪中叶，柏孜克里克石窟在战争中沦为废墟。

柏孜克里克石窟现存洞窟83个，保存有1200余平方米的壁画，内容包括佛、菩萨、天王等尊像画，以及说法图、经变画、供养人像、山水花鸟画和装饰图案等。这里的石窟，其精美程度不亚于敦煌，独特的地域性、民族性、多元性特征，使它在中国石窟艺

|《王子举哀图》壁画原状（遗产地供图）

术宝库中占有重要地位。

柏孜克里克石窟 33 号洞窟有一幅《王子举哀图》。佛经里说释迦牟尼涅槃后，古印度 16 个国家派出王子前来奔丧举哀。画面中有 16 个人，帽饰皆不同，体现了民族融合。《众人奏乐图》也是柏孜克里克石窟的珍品之一，现藏于东京国立博物馆。画面上是由伎乐 6 人组成的乐队，蹙眉瞪眼、环髻高耸，聚精会神地演奏着横笛、琵琶、铜铙、拍板、筚篥等乐器。这幅壁画更是文化交融的体现，不同肤色的人在用不同乐器演奏，热闹非凡。

今天我们来到这里，壁画的精美让我们赞叹，但更因满目破败、被刮伤、偷盗的壁画而痛心不已。例如，20 号洞窟的壁画墙已被盗走，光秃秃的黄土上挂着从德国拍回来的照片，可以看出明显的切割痕迹。

柏孜克里克石窟的建筑和壁画，不仅是古代高昌社会生活的重要实证材料，更是价值连城的历史文物和珍贵艺术品。但是 20 世纪初，柏孜克里克石窟被日本大谷光瑞、德国勒科克、英国斯坦因、俄国奥登堡探险队盗劫。1904—1913 年，柏孜克里克石窟大量壁画被 4 个探险队切割下来，分批运出国，如今散落在印度国立博物馆、韩国国立博物馆、日本东京国立博物馆、俄罗斯艾尔米塔什博物馆等处。

当时文物最大的去向国是美国。进入 21 世纪我们希望和美国签署打击盗窃、盗掘、走私文物的双边协定，却遭到一些博物馆馆长、收藏家强烈反对。他们认为：这些文物很早来到美国，已经是美国文化的一部分；美国博物馆设备先进，能够更好地保管文物；文物展示的是中国文化，陈列在美国是对中国文化的宣传。面对这些说辞，当时我跟他们说："如果你们到中国的西部、到新疆去看看，彩塑、壁画被多么残忍地从墙壁上割下来，墓葬被撬开取走文物，这还能说是保护吗？并且文物只有在原地保存才是最重要的，怎么能说盗走反而是保护呢！"

经过据理力争，2009 年中美首次签署限制进口中国文物政府间谅解备忘录，此协议切断了文物买卖路径，使被盗掘文物成为国际公认的走私品。此后，中美两次续签此协议，进一步促进文化遗产保护互利共赢。

在《万里走单骑》第二季周口店北京人遗址，我曾讲述寻找北京人头盖骨化石的故事。2003 年，联合国教科文组织发表的《全球防止非法贩运文化财产报告》指出：在全球 47 个国家的 218 个博物馆中，有中国文物 163 万件，且均是文物中的精品。散落在世界各地民间的中国文物应是博物馆中的中国文物的 10 倍，约 1700 万件。这些中国文物几乎涵盖所有文物种类，包括书法、绘画、瓷器、陶器、雕塑、铜像等各类珍品。海外流失文物数量之大、价值之高，让人们惊愕又深感痛惜不已。

1951 年，《伯远帖》购回，藏于故宫博物院；2005 年，龙门石窟佛首雕像由美籍华人捐献回国；2019 年 3 月，意大利返还 796 件（套）中国文物艺术品；2020 年 12 月，马首铜像入藏圆明园，成为第一件回归圆明园的流失海外重要文物……中华人民共和国成立以来，已有 15 万余件流失文物回归。流失在海外的文物，与跌宕起伏的国家历史与命运紧密相连，与我们的民族情感紧密相连。而这背后的强大支撑力量，正是不断增强的中国实力。

吐鲁番学研究院技术保护研究所所长徐东良老师和吐鲁番博物馆副馆长邓永红老师是我们这一站的世遗向导。20 世纪 90 年代，美术专业毕业的徐东良来到吐鲁番，在陡峭崖壁上的洞窟里一画就是 30 年。石窟的保护历经沧桑，有人为破坏、盗掘，自然的损坏。我们现在只能做到最大限度地保护已经留存的历史文化信息，减缓其消失损坏的速度，同时在博物馆中重新复原文物。

今天在吐鲁番博物馆我们可以看到徐老师按 1∶1 复原后的壁画，重现了历史上的辉煌。这些壁画的复原都要先临摹，再通过查阅大量资料，对比其他石窟中壁画样式、调配古代使用的颜料……需要付出巨大的精力。同时石窟多位于陡峭的山谷上，一路攀岩走壁，危机密布。

徐东良老师是吐鲁番交河故城和高昌故城修缮项目主要参与者，和时间赛跑“救下”吐鲁番柏孜克里克石窟、吐峪沟石窟、拜西哈尔石窟等遗迹中的壁画，完成等比例临摹图 700 平方米以上。他还参与到出土文书、丝织物等修复过程中。为了修复丝织物，他去杭州丝绸博物馆拜师学艺，研究千年前的工具、工艺，挖掘当时

徐东良复原的石窟壁画，现展陈于吐鲁番博物馆（遗产地供图）

的技术手段，再把学习到的技术传承下去，他认为这才是文物修复完整的过程。

徐东良老师和邓永红老师还是伉俪，一个是石窟里的壁画修复师，一个是吐鲁番的历史文化讲解员，两人因石窟结缘，多年来相伴从事石窟保护、宣传工作。一个修复了千年石窟，一个面向未来千年给大家展示传播。邓永红老师多年从事讲解工作，希望通过讲解自己的所见、所思、所悟，传递古代人们在这片土地上生活的信息，挖掘文化所孕育的内涵，讲好新疆故事、中国故事。

让流传在外的中国文物回家是中国人心底的一个梦，一个持续百年的强国梦。我相信，随着国家实力的逐渐强大，会有越来越多的文物回到祖国；也会有更多的文物在一代代文保工作者的努力下，有尊严地传承下去。

世界上最美丽的废墟

时间：2023 年 1 月 5 日下午
地点：交河故城、吐鲁番博物馆

“丝绸之路：长安－天山廊道的路网”共有 33 处遗址被列入《世界遗产名录》，中国境内有 22 处，其中 6 处遗址位于新疆，即高昌故城、交河故城、苏巴什佛寺遗址、克孜尔石窟、北庭故城遗址、克孜尔尕哈烽燧。

高昌故城、交河故城都位于吐鲁番。交河故城是吐鲁番盆地的次中心，开创和建造于公元前 2 世纪—公元 5 世纪，在南北朝和唐朝达到鼎盛，9—14 世纪由于连年遭受战火摧残，交河城逐渐衰落。公元前 1 世纪发展为西域古国车师前国的国都，此后历为高昌国、唐西州、高昌回鹘王国等下辖的交河郡或交河县。公元 640 年唐朝廷在此设安西都护府，成为控制天山南麓乃至西域广大地区的重要行政、军事、交通、宗教中心。

交河故城建在一座被分叉的河流冲刷而成的独立高台地上，《汉书·西域传》记载这一历史事件：“车师前国，王治交河城，河水分流绕城下，故号交河。”交河故城城址高出水面约 30 米，南北长约 1750 米，东西宽约 300 米，形如柳叶。城内建筑遗址及街巷遗迹犹存，大致包括居住区、衙署区、仓储区、寺院区和墓葬区几部分。与“万丈高楼平地起”的传统建筑方式不同，交河故城是向下掏挖而成的，像是在大地上雕刻了一座城池，并就地取材，用地下的生土，夯筑成地上的墙壁。这样的修建方式，既能保证冬暖夏凉，同

交河故城（遗产地供图）

时也使崖壁成为古城的天然城墙，保卫着国都的安全。

交河故城是世界上最大、最古老、保存得最完好的生土建筑城市，也是我国保存 2000 多年最完整的都市遗迹，被誉为“世界上最美丽的废墟”。“白日登山望烽火，黄昏饮马傍交河”，这是唐代李颀《古从军行》的诗句。交河故城扼丝路要道，无论对北方的游牧民族还是中原王朝来说都是必争之地。公元前 108 年一前 60 年，西汉和匈奴为争夺交河城，进行了 5 次大规模战役，史称“五争车师”。繁盛时期，交河人口有 1 万余人，成为东西方物资交换的中转站，多元文化的汇集处。

正因为交河故城、高昌故城这些遗迹的存在，丝绸之路才不再是人们口耳相传的古老传说。这些在历史上的闪亮坐标，串联起文明交流互鉴的脉络轨迹。茫茫戈壁没有将文明的光辉掩埋，相反，随着时代的推进，它们在一代代人的守护下，成为新发展的见证，愈加闪耀着独特的光辉。如今，吐鲁番交河机场的升级、兰新高铁的开通等都让故城焕发新的生机。这是当下吐鲁番与时代的融合，也是“一带一路”倡议承载着构建人类命运共同体的理念，从愿景到现实的伟大实践。

这一期世遗色是“大国燃”。新疆是亚欧文明交流中最大的融汇中心，并以其交融特性形成了丝绸之路的文明火焰。这种赤色跃动的深红，在吐鲁番更能让人深切体会到其生命力。这里有火焰山上赤色的峭壁和炙烤的温度，有宗教、文明、商贸碰撞交融后的火热生机，更有各民族之间用赤诚的情感汇聚而成的中华民族独有的红色血脉，悠远且壮阔。

今天，“万里少年团”在火焰山脚下，以时代之名，感受世界文化遗产带来的别样温度，是炙热的，是温暖的，更是充满爱的，最终让响彻西域的丝路音乐成为古今中国人时代记忆中最为悦耳的声音。一颗颗丝绸之路上的明珠并未因时间与风沙的洗礼而逐渐黯然，反而在各民族人民共同的保护中绽放出被岁月打磨出的独特光泽，串联起悠悠丝路千里万里。

历史上，世界各地的文化在丝绸之路上交流、汇集、传播。今天丝绸之路仍然是传播的重要廊道，是“活”的遗产。它带着时代的信息，带着中华优秀传统文化和各国友好交往，通过生活在这片土地上的各族人民，走向更广阔的世界。

第十二站
凤凰区域性防御体系

遗产地档案

遗产名称	凤凰区域性防御体系
遗产位置	湖南省湘西土家族苗族自治州
遗产种类	文化遗产
世遗色	靛蓝

#ccdfee
#89adcf
#004892
#988dbb
#153665

中国最美丽的小城

时间：2023 年 1 月 14 日上午
地点：湘西沱江

从代表福州坊巷文化的三坊七巷到汇聚儒家精神的三孔，从数百年东西文化交融的澳门到浸润新疆 2000 多年的坎儿井……这一季，“万里少年团”见识过丝绸之路从海上到陆上的文化交融，也探寻过醴陵工业遗产的振兴之道。不知不觉间，《万里走单骑》第三季来到了最后一站。

“一个好事人，若从一百年前某种较旧一点的地图上去寻找，当可在黔北、川东、湘西一处极偏僻的角隅上，发现了一个名为‘镇筸’的小点。”（沈从文《我所生长的地方》）镇筸，即湖南省湘西土家族苗族自治州凤凰县。这里是沈从文先生魂牵梦绕的故乡，他用厚实传神的文字赋予其浪漫柔情的性格，让凤凰古城走向世界。

凤凰古城因四周群山环抱，酷似凤凰展翅而得名。这里山川秀丽、历史悠久、人文荟萃、民族风情浓郁，被誉为“中国最美丽的小城”。湘西沱江（并非那条源自川西、汇入长江的沱江）绕城而过，经年不息，养育了一代代凤凰儿女；楚文化与凤凰土著文化的结合，苗文化与汉文化的交融，形成了独具一格的地域文化。吊脚楼、万名塔、青石木板、悠悠江水、挑着扁担的商贩、竹楼上的苗家女子、吆喝的江上船夫……一切都秀美灵动。

凤凰县有 1000 多年建城历史，文化底蕴浓厚。这里“西托云贵，东控辰沅，北制川鄂，南扼桂边”，是湘黔来往的交通要道，

丨凤凰古城（遗产地供图）

历代为兵家必争之地。《凤凰厅志》记载，夏、商、周以前，这里即为“武山苗蛮”之地。战国时期，凤凰属楚疆域，因此这里一直都有楚风遗韵。秦始皇统一六国后，把其所辖的广大地域划分为36郡，凤凰所在的黔中郡即为其一。《元和郡县志》记载，唐垂拱二年（686年）“在坡山西址设渭阳县”，并载“山甚高，百姓食坡山溪水”，坡山即指凤凰山，古县城址就是今黄丝桥古城。宋、元、明置五寨长官司，驻镇筸。清康熙三十九年（1700年）设镇，镇筸成为当时全国六十二镇之一。1913年9月，废凤凰厅，改建为凤凰县，仍为湘西军政统治中心。1949年凤凰县解放，初属沅陵专区，1955年划归湘西苗族自治州，1957年改属湘西土家族苗族自治州至今。

历史演递，云卷云舒，悠悠数千年。明清是凤凰古城的重要建

陈氏宗祠（遗产地供图）

设时期，街道格局与城墙等重要设施均在此时基本形成。如今凤凰县保存明清时代特色民居 120 余栋，古衙署、古兵房、古书院等遗址 116 处，古色古香的石板街道 200 多条，还有宗祠、殿堂、寺庙、商铺、会馆、关门、古井、古桥、古码头等各类古建筑。同时，明清时期凤凰的地位日显重要，最终成为统辖“大湘西”20 余州、县（厅），辐射影响至湘鄂川黔四省（市）边区的政治、军事、经济、文化中心，一直延续到 1949 年。

很多人是通过沈从文先生的《边城》《湘西》等作品知道这个小城的，这位曾两度被提名为诺贝尔文学奖候选人的大文豪就出生在凤凰。顺便补充一句，其实中篇小说《边城》的故事背景地并不在凤凰，而在凤凰以北的花垣县茶峒镇（2005 年改名为边城镇），因其西与贵州省松桃苗族自治县的迓驾镇、原属四川现属重庆的洪安镇相连，中间只隔了一条清水江，有“一脚踏三省”之称，所以被称为“边城”。沈从文先生去世后，根据他生前遗愿，他的骨灰一半被撒进湘西沱江的清流，一半被埋入凤凰的泥土。除了沈从文先生，这座小城还走出了中华民国北洋政府总理熊希龄，著名画家陈师曾、黄永玉，南社诗人田星六，传奇院士肖纪美等。熊希龄何以成为熊希龄，沈从文何以成为沈从文？凤凰古城正是孕育他们的土壤。

丨苗族姑娘欢迎“万里少年团”

凤凰在不同人的心里，有不同的模样，或是旅游目的地，来到凤凰，让心灵得到片刻轻松，寻找一方净土；或是文学田野，来到凤凰，是为了亲眼看到孕育乡村文学的土壤，到底生活着怎样的人、物，发生着怎样的事；或是一种向往，来到凤凰，在靛蓝色的天空里、河水中，拨开历史的青苔了解凤凰原本的样貌……“万里少年团”来到湘西凤凰，因为这里包含了我们想讲述的所有元素：神秘、血性、浪漫、传统和变革、古城保护、遗产价值……

我们用行走的方式打开凤凰，讲述历久弥新的故事。在凤凰，我们打开自己，打开世界，链接陪我们走过三季的所有人。凤凰古城，于《万里走单骑》的观众而言是本季旅程的终点，于节目而言是内容上的回归，于“万里少年团”而言是再次出发的起点，是一次对于行走的思考和总结。

中国有很多古城，目前有两个进入《世界遗产名录》，一个是平遥古城，另一个是丽江古城。这两处古城的申遗成功，也带起了古城申遗热。凤凰古城正是在那之后被列入《中国世界文化遗产预备名单》。一座古城，从游客视角看，和从世界遗产的角度去看，各有一套独特的想法和路线。这一期我们还邀请了歌手阿朵加入，作为土生土长的湘西妹子，她眼中的凤凰古城又是怎样的存在？在苗族待客礼节“拦门三道坎”——卡酒、卡歌、卡鼓中，我们一起走进凤凰古城。

南方有长城

时间：2023 年 1 月 14 日下午
地点：中国南方长城文化展览馆、拉豪村

或许很少有人知道，在中国南方有一座南方长城。这座长城位于湘黔边区，南起凤凰县黄合乡境内的亭子关，北至湖南省吉首市的喜鹊营，是我国南方山区规模最大、最健全的军事防御体系。

历史上并没有“南方长城”这一概念。20 世纪 50 年代初，著名古建筑学家罗哲文先生在相关史料中了解到“湘西边墙”的记载，但因交通不便，一直未曾考察。2000 年 4 月，凤凰县为了申报国家历史文化名城，邀请专家进行实地考察，罗哲文先生趁此机会，对“湘西边墙”进行了考察，发现它完全符合长城的三项定义：一是长达数百里；二是不封闭交圈；三是有一套由城墙、关隘、烽火台、营寨等构成的军事防御工程体系和相应的军事组织机构。他激动地说道：“这就是我找了半个世纪的南方长城啊！”南方长城因此得名。在考察完之后，罗哲文先生欣然赋诗一首：“总说长城在北

罗哲文（右数第四）一行考察南方长城（遗产地供图）

方，岂知南国有巨防。凤凰城外营磐岭，碉卡巍巍壮西湘。”

从远古时代起，苗族人民为避免部落之间的杀戮争斗，不断往西部、南部荒凉地区迁徙。据《凤凰厅志》记载，早在夏商周之前，凤凰就是苗族人居住的地方。自秦汉以后，他们在湘西、黔东、渝东南地区安营扎寨，形成比较固定的聚居区。位于凤凰县西北的腊尔山高原台地，便是苗人的腹地，称为苗疆。从明代开始，苗族人的居住区被统治者分为靠近汉区郡县居住，接受朝廷管辖的，以农耕为主的“熟苗”，以及居住在崇山峻岭间，保持原始民族习俗，以狩猎为主的“生苗”。因政治、经济、民俗、思想等多方面差异，“生苗”反抗政府统治，且经常与“熟苗”发生战争。根据相关史料，为了巩固统治，明代对苗疆用兵数十次，却始终未能解决问题。而此时北方边境吃紧更为耗费国力，因此明朝廷决定修建防御和隔绝“生苗”的边墙。

湘西边墙始建于明嘉靖三十三年（1554年），根据史料和志书记载，“明时沿边修筑土墙三百八十余里”。清政府同样十分重视湘西边防，大量增修城堡、关隘、碉卡等，并使用更为坚固的石料。如今现存南方长城遗址多为清代修筑。

为什么建造历史悠久，具有重要军事价值的“湘西边墙”此前一直没有引起关注，并被列入长城之列呢？罗哲文先生给出了解释：因为它在历史文献记载上被称为边墙。其实明代北方的所有长城都称为边墙，例如北京居庸关、八达岭、慕田峪，甘肃嘉峪关等长城，《明史》中都记载为边墙。明代还把边墙分为九个军事防御区，称为“九边”，九个军事防御区则被称为“九边重镇”。因此湘西边墙被列入长城之列，毫无疑问。

《万里走单骑》这一季行程初始，我们去到北京怀柔探访了北方长城，最后一站我们又来到南方长城，行程前后呼应。南方、北方长城都是中国历史上工程浩大的古代军事防御工事，但也存在明显不同。例如南方长城修建时间较晚，规模较小；南方长城的实际作用，并非用于应付高强度战争，而是将所谓的“生苗”与“熟苗”地区隔开；北方长城是为了抵御外族的入侵，而南长城的修建则是明清统治者为了巩固自己的统治，对南方少数民族施行策略的产物。一个对外，一个对内；南方长城修建地形更为复杂，湘西山、水皆有，许多地方山丘、洼地交错，且山高低不同，并非北方的崇山峻岭……但无论南方长城还是北方长城都是线性文化遗产，代表着一个长长的文化廊道，包含军事文化、民族文化、农耕文化、商贸文化等，是一个政治、经济、文化、社会、生态的综合体。

比起明代边墙“防苗”，清代边墙更多的是治理，并没有严格管控苗民，汉族与苗族之间仍然可以进行贸易往来。随着苗民和汉

| 南方长城（遗产地供图）

民的关系更加融洽，南方长城逐渐倒塌和废弃。1936 年湘西边墙被彻底废弃，但它仍然留下了自己的痕迹。

南方长城有 1300 多座用于屯兵、防御用的汛堡、碉楼、屯卡、哨台、炮台、关门等，仅凤凰县境内就有 800 多座，形成了"一里一碉，五里一哨，十里一卡、十五至三十里一营（汛）"的防御体系。因受到湘西边墙的影响，当地不少地名以炮台、哨、卡、关、营等命名，像拉毫营、天星营、黄合营、王坡屯营、得胜营等带"营"字的地方，就是当年长城边上驻军筑、要塞的名称。如今，昔日的军营、城堡、屯堡等已成为供人居住的建筑或村落。

1918 年沈从文从凤凰文昌阁小学毕业后，曾随当地军队流徙于湘黔川边境与沅水流域，花垣就在这个范围。那时"碉堡多数业已毁掉了，营汛多数成为民房了，人民已大半同化了……兵卒纯善如平民，与民无侮无扰。"（沈从文《我所生长的地方》）拉毫营盘是凤

拉豪村（遗产地供图）

凰区域性防御体系中，六个最高驻军级别营城之一，也是该体系中凤凰镇城西部前沿的一个军事堡垒。如今，拉毫营盘位于拉毫村境内。拉毫村也被称为“石板寨”，这里的地面台阶、墙壁、房子……都是石板垒的，这样的设计是出于军事目的，特别是防御火攻；另外就地取材，利用大小不同的石板盖成房子，大量节省了人力物力。

永兴坪碉卡是南方长城的重要军事遗迹之一，又叫全胜营或全石营，位于凤凰古城的西面，是凤凰古城通往阿拉营和湘黔边境的重要关卡。全石营依山而建，形制呈圆形，城墙均用正方青石细凿砌筑。而它的操练场，如今已经建起了“棋盘”，据说是世界上最大的围棋盘。

南方长城构架了那个时代治国方法的精神实质，是研究明清两代统治边远少数民族的鲜活史料。在南方长城被发现后，湖南省、州、县政府部门对其进行了详细的实地考察研究，同时为了进一步保护和发挥文物作用，当地政府对重点城墙、碉卡、城堡等进行抢险维修，部分长城段配合旅游设施，向公众开发，让民众走进遗产。

如今南方长城和北方长城一样，成为世界七大奇迹之一——中国长城的一部分，成为人类共同的财产。未来，我们要更加保护好、发挥好它的作用，创造文化和经济双重效益。

无湘不成军，无筸不成湘

时间：2023 年 1 月 15 日上午
地点：熊希龄故居、北门城楼、东正街

作为南方长城上的重要节点，凤凰古城自然也带有重要的军事防御作用。原本名为镇筸的凤凰，之所以拥有如此美丽的名字，也与军事有关——得名于乾隆年间驻扎于此的凤凰营。康熙四十三年（1704 年）废土司，置凤凰营于今县城，移辰沅靖道驻镇筸，镇筸成为全国八十九道之一。雍正七年（1729 年）于湘西北设永顺府，辰沅靖道改为辰沅永靖兵备道，镇、道员均住凤凰，治辖范围覆盖整个大湘西二十余州、县（厅），成为全国八大兵备道之一。凤凰军事属性悠久。

镇筸兵自明代起便以悍勇而闻名于世。乾隆六十年（1795 年），湘黔边区苗民起事，清廷前后动员七省的八九万兵力镇压。之后，清廷实施“屯田养勇，设卡防苗”政策，修复边墙，建设碉堡、哨卡等，招屯兵，备战练勇。生活在大山里的凤凰人，在没有其他资源可用的情况下，当兵吃粮就成为多数人的向往。那个时候，“地皆屯田，民皆兵籍”，凡是家有服役的人，家门都有一块“光荣榜”，无论是世家子弟还是贫穷青年，都想要去战场建立军功。这是凤凰军事属性的底蕴。

有一句话说“无湘不成军，无筸不成湘”。凤凰古称“镇筸”，从这里走出的军队被称为“筸军”，在中国近代史上他们是湘军最精锐的一支部队，收复新疆、辛亥革命、抗日战争乃至抗美援朝等重要战役都有他们奋勇杀敌的身影。鸦片战争中的民族英雄郑国鸿、怒斩洋教士的贵州提督田兴恕、光复凤凰的义军领袖唐世钧……从清道光二十年（1840 年）至清光绪元年（1875 年），36 年间凤凰走出了提督 20 人、总兵 21 人、副将 43 人、参将 31 人、游击从三品以上的军官 73 人。

1937 年 11 月，以凤凰籍官兵为主组成的国民革命军 128 师，共 7000 多名官兵，由师长顾家齐率领奔赴浙江嘉善县，担负阻击日军、掩护大部队撤退的任务。7 天 7 夜的时间，全师官兵在武器劣质、弹药不足且没有援兵的情况下，不仅重创了日军，拖延了日军进攻嘉兴和苏州、杭州的时间，并收复了部分被侵占的城镇和阵地，大长了中国军人的士气，成为淞沪会战后期坚守时间较长也最成功的一役。战争结束后，凤凰城内城外几乎户户都有父兄为国捐躯，家家门前悬挂伤悼白幡。自此之后，每一批新应征的子弟离开家乡去为国家征战的时候，家乡父老总要在城门口打出“筸军出征，中国不亡”的横幅为他们送行。

筸军不仅骁勇善战，还注重勇谋兼备。清康熙四十三年，为了维护稳定，凤凰厅同知傅鼐决定屯田养兵，从当地士兵中精挑细选出 1000 名练勇进行严格的军事训练。除了军事训练之外，士兵每天学习《孝经》《武经》，俾移孝以作忠，在儒家经典《孝经》影

| 熊希龄故居（遗产地供图）

响下，士兵忠义仁孝。由此也就不难理解，这座筸军之城何以文人辈出。

熊希龄是民国时期政治家、教育家、实业家，我们在醴陵的探访中也提过他的名字，熊希龄创办了中国陶瓷史上第一所陶瓷专门学校——湖南官立瓷业学堂。熊希龄出生于湖南湘西凤凰县一个三代从军的军人家庭，但其父重视教育，熊希龄 15 岁中秀才，22 岁中举人，25 岁中进士，后点翰林。熊希龄为湖南的维新运动、改革和创办实业等方面做出很大的贡献，其晚年致力于慈善和教育事业，创办香山慈幼院。如今熊希龄故居的一副对联“一生赤诚爱国盼中华振兴，半世慈善办学为民族育才”，正是其一生的写照。

沈从文祖父沈宏富年轻时就因屡建军功而做到了贵州提督，凤凰作为一座军镇的历史背景也让沈从文对军人充满崇敬。他早年入伍从军，闯荡湘西，后弃武从文，曾两度被提名为诺贝尔文学奖候选人，蜚声文坛。“一个士兵要不战死沙场，便是回到故乡。”沈从文骨子里还是军人，他把家国苦难化作笔下的柔情，温暖人间，更启迪了无数人的思想。在沈从文的葬礼上，《悲怆》奏鸣曲取代了哀乐，他的一生没有向命运低头，始终高昂头颅，正如张充和先生写下的挽词——“不折不从，星斗其文；亦慈亦让，赤子其人”。

凤凰城作为军事重镇，并非一座孤城，镇守凤凰这一大片区域其实是需要一个防御体系的。从明朝初年开始，凤凰就开始建设防御体系。根据历史记载，凤凰区域性防御体系共包括 1100 余座军事设施，其中现存仍有约 470 座遗存，约 90% 位于凤凰县域内，共包括镇城、营城、汛堡、屯堡、碉楼、哨卡和防墙 7 大类防御设施。如今，各类别军事设施均有风貌和质量保存较好的代表性遗存，与历史所记载的明清时期的防御体系模式高度一致。列入《中国世界文化遗产预备名单》的凤凰区域性防御体系代表性遗存要素包括以上 7 大类的共计 14 项，均位于湖南省凤凰县境内，包括凤凰古城墙及城楼、黄丝桥古城墙及城楼、拉毫营盘、全石营盘、苜机冲汛堡、王坡屯城堡、舒家塘古堡寨、天星古屯堡、麒麟屯堡、茶田新屯堡、骆驼峰碉楼、新茶田古军事贸易遗址、鸭宝洞石边墙与万里城石边墙、大黄土古栈道土石边墙。

凤凰的军事防御设施共同组成了历史上以镇筸为防御指挥中枢的军事防御体系，共同构成了一个组织严密、格局完备，以军事防御、民族统治等复合使命作为主要功能的遗产聚落体系，并逐渐演化成为湘西凤凰县地区居民生活聚落的重要基础。凤凰城和凤凰人都有军事属性的特点，凤凰区域性防御体系更是重要的文化遗产。古城之所以古，有一个重要原因就是遗产的价值，我们应该让更多的人了解。每一个来到凤凰的游客，在欣赏美景的同时，应该了解遗产背后的文化内涵。把文化带走，这是《万里走单骑》节目和每一处遗产地的责任。

人文浪漫

时间：2023 年 1 月 15 日下午
地点：凤凰广场、沈从文故居

上千年的凤凰古城，厚重的历史积淀给予它生命力；世代居住于此的凤凰人，充盈着古城的根与魂。

苗族，是凤凰县最古老的民族。苗族的挑花、刺绣、织锦、蜡染、剪纸、首饰制作等工艺美术瑰丽多彩，驰名中外。其中，苗族的蜡染工艺已有千年历史，苗族服饰达 130 多种，可以同世界上任何一个民族的服饰相媲美。但苗族是一个没有文字的民族，除了口口相传，本民族的图腾信仰、历史以及生活方式都被记录在了苗族服饰和银饰上，经年累月流传，造就了一本苗族的“无字史书”。

“无银无花，不成姑娘”，即使在最简单的苗族女性服饰上，也会有银饰。在苗族习俗里，一个小伙子要想娶心爱的姑娘，就要为她置办一整套银饰，这其中蕴含着银饰对于苗族的文化、情感价值。婚礼上，服饰、彩礼、花轿……银饰元素更是无处不在。

麻茂廷是苗族银饰锻造技艺国家级传承人，从 1977 年便开始制作银饰。他们家六代人传承打银手艺，在他看来，手工锻造的银饰比机械制造的更有生命力。苗族银饰工艺流程很复杂，一件银饰多的要经过一二十道工序才能完成。在狭窄的银条上，更换雕刻的扁凿，把握落锤方位、锻打力度，十分考验工匠的技艺。

戴银饰的苗族姑娘（遗产地供图）

苗家银饰创造了中国最为璀璨的银饰文化，游龙飞凤、花鸟鱼虫，虾米、青蛙……各种花纹的苗族银饰精美绝伦，蕴含着苗家人最美好的祝福。麻茂廷有 5 个子女，其中 3 个女儿都是穿着他打造的银饰出嫁。作为中华苗族文化的摇篮，在湘西凤凰山江镇，每逢盛大节日，到处可以听到清脆悦耳的苗银叮当声，这是苗寨最动人的声音。

“这里小河两岸全是如此美丽动人，我画得出它的轮廓，但声音、颜色、光，可永远无本领画出了。你实在应来这小河里看看，你看过一次，所得的也许比我还多，就因为你梦里也不会想到的光景。”（沈从文《小船上的信》）相比凤凰的军事属性，凤凰的人文属性经由沈从文的书、黄永玉的画赋予了凤凰浪漫柔情的性格，令无数人心向往之。

在《边城》中，沈从文先生用丰富的笔墨描写了端午节的赛龙舟活动。赛龙舟是凤凰古城一年一度的传统节日，祈求风调雨顺，五谷丰登；同时它也是一场声势浩大的热点赛事，每年吸引上万人

沱江龙舟赛（遗产地供图）

次在河岸与吊脚楼上观看。赛龙舟之后人们还会举办一场抢鸭子活动。端午节预示着夏天即将到来，天气潮热，毒虫开始活跃，为了避邪驱暑，在中国南方有端午节吃鸭子、吃鸭蛋的传统，后来凤凰人就把鸭子作为“彩头”，开展抢鸭子活动。沈从文先生在《端午日》中写道：“有一个士兵，悄悄地来到了鸭子跟前，双手一伸，还没抓住鸭子，鸭子就‘噗噜噜’地飞走了。那个士兵气的咬牙切齿，又有一个人抓住了一只又肥又大的鸭子，顿时喜笑颜开。”如今，端午节仍然上演这样热闹的场景。

冬天，人们走街串巷去看傩堂戏，家家打粑粑，四处有梅花开，半夜满城猪叫，爆竹响个通宵，接着是狮子龙灯一直闹到正月十五。身穿民族服饰的姑娘，沱江上的船夫，项圈、手镯、凤冠、花带、戒指等饰物古风浓郁，傩堂戏、阳戏、文茶灯等古戏曲依然鲜活，蜡染、纸扎、苗族银饰等民间工艺世代传承；悠悠沱江水从古城中流淌而过，凤凰人临水而居，为适应江边地势，就地取木材建造的吊脚楼吸引游客纷至沓来。其实，在这片土地上，也有很多

| 阿朵与苗族姑娘擂响苗鼓

荣归故里的军官建造的宅第府院，高大马头墙、精致雕花和优美园林，形成多元文化的融合……千年的历史孕育了凤凰古城的多姿多彩，而这正是古城的文脉。别看凤凰小，但每家每户都有家世传承，都藏着古城的故事。

游客眼里的凤凰神秘悠远，而从世界遗产的角度探访湘西，它的世遗色又该是什么呢？它一面有着城的历史，一面藏着人的性格；一面是雪峰山的融水沁润的五溪蛮勇，一面又从镇筸田间的清泉里荡涤出苗情浪漫；一面是南方长城、吊脚楼、传统工艺构建的古韵，一面是每天大量游客注入的新活力，就好像一凤一凰最后合二为一。

这一趟探访，我们看到了湘西凤凰人的铮铮血性和银色浪漫，模糊的湘西色彩渐渐清晰，苗族姑娘银饰发出的欢唱，南方长城在眼前筑起的“霸蛮”，弥漫在村寨里的烟火气，让色彩有了性格，有了层次，湘西的一方山水滋润的馥郁之色，正是这里的世遗色——靛蓝。靛蓝是一种具有3000多年历史的染料。战国时期荀况的名句“青，取之于蓝，而青于蓝”就源于当时的染蓝技术。在秦汉以前，靛蓝已得到普遍应用。“靛蓝”对于湘西人来说，是纸扎的狮头、龙头，是苗族姑娘的蓝布花衣。只蓝白二色，便能索解生活的斑斓，舒卷凤凰的乡愁。

湘西姑娘阿朵带着这份世遗色，和苗族姑娘一起擂响苗鼓，为这方水土助威。一声声苗鼓，是湘西人性格的呐喊，是湘西人勇敢的号角，更是湘西人快意恩仇的豪爽。在苗鼓声中，《万里走单骑》第三季收官。

尾声
民众是文化遗产的真正主人

回首我这大半生，可谓是一直与文化遗产结缘。

我的父亲是学文学的，特别是古典文学研究，在我还小的时候父亲常带我游览各种古迹，其中很多都已成为世界遗产。后来我去国外留学，学习的是历史文化街区的保护。回国后进入规划部门工作，接触很多历史建筑。之后在国家文物局工作，就有了更多的机会接触文化遗产。在文物局工作的10年中，我一直致力于文物保护工作，推动保护法规和保护规划的制定。再后来，进入故宫博物院工作。

在这个过程中，我深刻地意识到，有太多的文化遗产需要加强保护，在使其恢复到健康稳定的状态后，还要让其融入现实生活中去。与此同时，我也感受到人们对文物保护、对文化遗产的感情更深了，尤其是当代年轻人。但我希望不仅仅是故宫，还有更多的世界遗产在被保护的同时，得到民众的广泛喜爱。这就涉及两个问题：首先，保护重要还是利用重要？相关部门一直在争论。而现在，我们清晰地认识到，保护、利用都不是目的，真正的目的是传承，把祖先创造的灿烂文化完整而真实地传给子孙后代。其次，谁来保护？过去，政府部门保护文化遗产责无旁贷，文物部门更是保护的主体。但我在工作过程中，接触了很多保护文物的团队，亲历了很多文物保护的工程，其中几件农民群体参与文物保护的故事给我留下了深刻的印象。

贵州省黎平县地坪镇曾是一个极其贫困的侗族地区，但是这里有一座自古传承下来的风雨桥，因其具有珍贵价值而被列入全国重点文物保护单位。2004 年 7 月 20 日，一场百年未遇的洪水咆哮着冲毁了地坪风雨桥，当地数百名年轻的侗族村民竟然齐刷刷地跃入洪水，拼死打捞风雨桥构件。随后村民们又沿着河流继续寻找，从贵州一直打捞到广西。经过三天三夜的奋争，抢救回了 73% 的风雨桥构件，特别是桥上的 28 根大型构件无一遗漏地被运回了村庄，使地坪风雨桥得以重建，由此也上演了一幕我国文物保护史上的壮举。

我们去参加地坪风雨桥的复建仪式时，看到全乡民众载歌载舞，场景十分感人。一位老人告诉我们，地坪风雨桥连接着上寨村和下寨村，这里共生活着 1500 多位侗族乡亲。风雨桥既是他们休闲、节庆的场所，也是侗族青年行歌坐月、谈情说爱的地方。当地人把风雨桥当作村寨的精神财富，祖祖辈辈都将守护它作为自己的义务。地坪风雨桥是侗族人的生命桥，孩子们是在风雨桥上听老人讲村寨的历史故事、唱着“地坪花桥传万代”的侗族大歌长大的，守桥护桥的意识早已融入了他们的血液，为风雨桥做任何事情都如同呼吸般自然。民众自发抢救风雨桥的故事表明，文物保护的意识在这里得到了最强烈的表达。

羌族是古老的民族，创造出灿烂的民族文化，为中华文明的延续和发展做出过重要贡献。但是，在 2008 年 5 月 12 日的汶川地震中，大量羌族文化遗产受到严重损毁。四川省阿坝藏族羌族自治州的理县桃坪羌寨位于地震极重灾区，村寨内的羌族建筑以碉式居室为代表，大多建于高山或半山地带，随山就势，往往几户人家相连，碉楼、碉房浑然一体。其主要建筑材料是就地取材的片石、黄泥和木料。羌族传统工匠在没有测量仪器、没有建造图纸的情况下，把十几米的碉房、几十米的碉楼修得笔直、平整、壮美，成为世界建筑史上的奇观。

地震发生后，羌寨民众居住在防震棚内，生活十分不便。为此，地震发生仅仅两个月后，桃坪羌寨灾后文物抢救保护工程就在地震灾区率先开工。此前，工程由谁来实施成为首先遇到的问题。经过研究采取了前所未有的方法，即采取由具有国家文物保护工程资质的单位进行组织和监理，由当地羌族民众组成保护修缮队伍，经过培训后进行施工的方式。开工前，举办了两期羌族建筑传统技艺工匠培训班，授课教师既有文物专家也有高龄的羌族建筑技艺传承人，课程包括羌族建筑特征，木作、瓦作、石作及文物保护知识，并由老工匠手把手传授施工技艺。随后经过培训的 100 多名羌族工匠参加了桃坪羌寨抢救保护修缮工程，经过 3 年的努力，不仅受损民居建筑全部得到修复，而且为羌族地区培养了一支掌握羌族传统房屋建造技艺的工程队伍，使羌族独具特色的建筑文化得以传承。

谁创造了文化遗产？谁是文化遗产的真正主人？谁是文化遗产保护的主要力量？这些是文化遗产保护的根本问题。动人心弦的故事充分表明，广大民众既有觉悟又讲感情。文化遗产保护作为一项利在当代、功在千秋的社会公益事业，需要动员广大民众的积极参与。许多珍贵文物的第一时间发现者和保护者就是普通民众。如果民众缺乏文物保护意识，没有采取及时的保护措施，这些珍贵文物可能无声无息地被破坏，甚至毁灭。当地民众保护传统文化的认识高度和文化自觉，应该受到全社会的尊重。

更为重要的是，将文化遗产保护变为亿万民众的共同事业，表明具有现代文明意义的，并被人类广泛认同的文化遗产观正在我国形成。事实上，每一处文化遗产的兴衰，都与民众的利益息息相关，都牵动着千家万户的情感。只有当地民众积极投入到维护社区的文化遗产事业之中，才能变“少数的抗争”为“共同的努力”，文化遗产保护才能取得实效。因此，保护文化遗产不仅是各级政府和文物部门的职责，而且应该成为每一个公民都担负起来的社会责任，更是亿万民众的共同责任。

民众是文化遗产的创造者、使用者和守护者，是文化遗产的真正主人，广大民众的积极参与和支持，是文化遗产事业赖以存在和发展的决定性力量，也是文化遗产事业的未来和希望。无论是羌族的碉楼和村寨，还是这一季探访的吐鲁番坎儿井，都是千百年来当地民众的智慧创造，当地民众最知道这些文化遗产对于自己现实生活的意义。今天，保护这些文化遗产的根本目的是维护当地民众的辉煌创造，使其得以传承，造福当代和后代。因此，民众应该成为文化遗产保护的重要力量。当民众被组织、培训而掌握了传统技艺后，再积极参加文化遗产抢救保护工程，可以取得意想不到的效果。一是当地民众用自己的双手重建和维护自己的家园，必然增强对家乡的自豪感、荣誉感和责任感，确保各项保护工程的质量。二是可以实现“以工代赈”，使当地民众通过辛勤劳动，增加收入，改善自己的生活。三是通过当地民众积极参与保护修缮工程，可以使更多社区民众掌握修缮技术，使传统技艺得以世代传承。

今天，珍惜和保护文化遗产的境界与能力，已成为国际社会对国民素养的评价标准之一。因此，必须使民众在生活、生产中不断加强对文化遗产价值和意义的了解，增强自觉保护意识，进而影响和带动更多的民众来关注、参与文化遗产的保护，使文化遗产保护的成果惠及广大民众。这就是由桃坪羌寨灾后抢救保护工程和吐鲁番地区坎儿井抢救保护工程所引发的深刻思考。

我们面对的保护对象，往往经过了数十年、上百年甚至跨千年的风雨历程而幸存至今，文化遗产本体早已满目疮痍，其原生环境也发生了天翻地覆的变化。伴随原有生产生活方式的消失，一些文化遗产对于民众来说渐渐难以理解，并随着时光流逝而与文化遗产之间的相互关联日渐疏远，文化情感日趋淡漠。对此，我们一直在努力通过保护技术和工程手段竭力遏制文化遗产及周围环境的进一步破坏和恶化，而对于如何避免当地民众与文化遗产之间的“关联疏远”和“情感淡漠”却没有得到足够的重视。我们并没有把“沟通关联”和“培育情感”作为文化遗产保护工作的应尽职责。事实上，这种疏远和淡漠正在造成民众与文化遗产之间距离感的加大，其后果严重地影响着文化遗产事业的持久健康发展。

我们应当积极倡导民众是文化遗产的真正主人的理念，无论是在历史文化街区和村镇的保护事业中，在考古发掘和文物建筑修缮的保护工程中，在博物馆建设和陈列展示的项目实施中，都应该积极取得广大民众特别是当地居民的理解和参与。只有民众倾心地、持久地自觉守护，才能实现文化遗产应有的尊严，而有尊严的文化遗产，才具有强盛的生命力，才能成为当地社区和民众的骄傲。